KB265141

내일을 걷는
용기

'내일을 걷는 용기'와 함께
여러분의 오늘 하루가
기대와 희망으로 채워지기를
응원합니다.

— 작가 최범수 —

내일을 걷는 용기

초판 1쇄 발행 2025년 6월 25일

지 은 이 최범수
발 행 인 권선복
편　　집 한영미
디 자 인 김소영
전 자 책 서보미
마 케 팅 권보송
발 행 처 도서출판 행복에너지
출판등록 제315-2011-000035호
주　　소 (07679) 서울특별시 강서구 화곡로 232
전　　화 0505-666-5555
팩　　스 0303-0799-1560
홈페이지 www.happybook.or.kr
이 메 일 ksbdata@daum.net

값 20,000원
ISBN 979-11-93607-91-6 (13190)

도서출판 행복에너지는 독자 여러분의 아이디어와 원고 투고를 기다립니다. 책으로 만들기를 원하는 콘텐츠가 있으신 분은 이메일이나 홈페이지를 통해 간단한 기획서와 기획의도, 연락처 등을 보내주십시오. 행복에너지의 문은 언제나 활짝 열려 있습니다.

혼란 속에서도 포기하지 않는 이유
내일을 걷는 용기
최범수 지음
도서
출판 행복에너지

작가는 '하면 된다.'라는 신념으로 목표를 추구하면 꿈이 실현된다고 알려준다. 더 나은 길로 가는 희망을 제시한다. 학생들이 자신만의 꿈을 가지길 바란다.

– 김봉구 금호타이어/금호리조트 ㈜ 대표이사,
제6대 ㈔한국 휴양콘도미니엄협회 ㈜ 회장

인간은 평생 공부하는 동물임을 여러 가지 사례를 통해 증명한다. 청소년들에게 꿈과 희망을 갖고 노력하게 만든다. 저자가 그런 삶을 살고 있다.

– 김기완 작가, 『나의 꿈에 국경은 없다』(2021, 부사장의 글로벌 분투기),
㈜ LG전자 부사장(글로벌마케팅 부문장)

변화에 대한 특유의 도전과 응전의 방식이 엿보인다. 작가가 던지는 질문과 메시지가 시사하는 바가 적지 않다. 인생의 변곡점에 서 있는 분들에게도 도움이 될 책이다.

– 차국환 리더십 전문코치/컨설턴트,
㈜ LG전자 부사장(중동·아프리카 지역대표)

세상은 빠르게 변하고 있다. 어떻게 적응할지 매 순간 고민이다. 목표를 세우기도 어렵고 달성하는 과정도 쉽지 않다. 5분 도전의 반복 루틴을 통해 주도적으로 사는 여러 방법을 제시한다.

– 권병기 Infor Korea 지사장, ㈜ Microsoft 본부장

삶의 가치에 경중은 없지만, 어제와 같은 오늘과 내일이 이어지게 마련이다. 그렇고 그런 인생을 벗어나서, 뭔가 의미 있는 인생을 살려면 희망이 있어야 한다. 나의 '의지'가 있어야 한다. 그 방향성을 제시한다.

— 김상영 ㈜에스원 대구, 경북 영업본부장

고단한 사회에서 잊히기 쉬운 고유한 삶의 가치, 희망의 중요성을 되새기게 해준다. 경쟁, 비교와 불안이 만연한 사회에서 독자들에게 설득력 있게 이야기한다. 성공이 아닌 성장, 최고가 아닌 '유일함'의 메시지가 울림을 준다.

— 장순모 KB자산운용㈜, 본부장

꿈과 소망으로 미래를 기대한다. 어려움, 갈등, 대립을 극복하는 내용이 와닿았다. 작은 실천의 사례들이 담겨 있다. 절망 속에서 희망을 찾고 작은 행동으로 삶의 변화를 만들고 싶은 것에 공감한다.

— 이태성 네오디엔씨㈜, 대표이사

남과 비교하며 지친 독자에게 따뜻한 응원을 건넨다. 당신의 첫걸음을 응원하는 바람직한 청사진을 보여준다. 아이들을 상대하는 나 역시 늘 아이들, 청소년을 사랑하기로 다짐해 본다.

— 이호상 고덕키즈앤탑치과, 대표원장(평택 고덕신도시, 우성메디컬센터)

두 아이의 아빠로서 아이들에게 읽도록 권유하고 싶다. 5분 기적의 루틴, 남과 비교하지 않는 나(Only One), 희망을 가지는 삶에 대한 동기부여를 받는다. 포기하지 않는 희망의 삶을 아이들에게 가르치고 싶다.

– 최성진 두바이(U.A.E) 사업가, 대표이사

해외영업 현장에서 치열한 삶을 동시대에 함께 공유했다. 이 시대를 살아가는 학생, 청년, 직장인과 중년의 독자들에게 '희망의 길잡이'가 되기를 기대한다.

– 김춘기 킨텍스, 해외마케팅 컨설턴트, (前) 대기업 S사 수출팀장

자신의 이야기를 남에게 내어놓는 것이 얼마나 큰 용기인가? 이 책을 읽고 마음의 위로를 받았다. 다른 분들에게도 좋은 영향을 전달하길 바란다. 앞으로의 삶과 또 다른 '살아본' 이야기들을 기대한다.

– 구본영 전자회사 해외영업 책임, 캐나다 거주

식음료, 수입 식료품 전문업체를 운영한다. 해외 제품을 발굴, 국내에 유통하는 회사이다. 앞만 보고 바쁘게 달려온 자신을 돌아보았다. 사회적인 성공만큼, 아이가 소중한 꿈과 행복을 찾는다. 사회적 기업에 동참하고 있다.

– 정현일 ㈜에이플러스, 대표이사

27년째 경찰관으로 수사과에 근무하면서 다양한 사람들을 만나 왔다. 사건, 사고가 많은 우리들의 인생이다. 학생들이 자신만의 꿈과 희망을 가지고 살아야 함에 공감했다. 자신의 것을 찾는 것이 큰 행복이라고 생각한다.

– 박병준 평택경찰서 수사 2과, 경감

나 역시 대학생, 중학생의 자녀가 있다. 아이들에게 도덕, 예의, 종교, 가치관 형성 교육을 하기도 하지만 쉽지 않다. 내가 아이들에게 다 표현하지 못한 꿈과 희망, 일상의 작은 노력과 도전을 다룬다. 그 방법을 알려준다.

– 유윤선 ㈜큐에스아이, 경영지원팀장

대를 이어서 40여 년 전통의 태권도장을 운영하고 있다. 독일 유학생활이 삶을 이해하는 데도 도움이 된다. 작가의 글처럼 희망을 품고 꿈을 꾼다. 실천 방법을 생각한다.

– 강상규 더베스트 안성태권도 관장, 태권도 공인 7단

자신의 꿈, 새로운 도전에 공감한다. 안정적인 직장, 대기업 선호에서 벗어나 도전한 경험이 나 역시 비슷하다. 유럽, 아시아 및 중동의 다양한 국가의 전시회에 참가했다. 도전, 성취하는 모습이 공감과 위로를 준다.

– 김상욱 ㈜진락, 대표이사(PhD)

"희망을 품는 이유, 내일을 향한 첫걸음"

왜 우리는 희망을 품어야 할까?

혼란한 현실 속에서도 사람은 내일을 향해 나아가야 한다. 우리를 움직이게 하는 힘은 '희망'이며, 그 희망은 나만의 인생을 향한 첫걸음에서 비롯된다.

트리나 폴리스의 『꽃들에게 희망을』에는 인상적인 장면이 있다. 수많은 애벌레가 이유도 모른 채 꼭대기를 향해 서로를 밀치며 올라간다. 그러나 맨 위에 도달한 애벌레는 추락하고, 자신의 길이 다르다는 것을 깨달은 한 애벌레만이 내려와 고치를 짓고 나비가 된다.

우리 삶 또한 이와 닮아 있다. 남들과 비교하며 달리는 것이 아니라, 자신만의 고치를 찾고, 스스로 날개를 펴는 여정이 필요하다.

정신건강센터 통계에 따르면, 인구 10만 명당 정신질환 치료자는 약 5,670명, 자살률은 25.2명이며, 특히 10~20대 환자가 20%를 넘는다. 우리 사회는 과도한 경쟁과 비교로 많은 청년들을 벼랑 끝으로 몰고 있다. 무한한 선택지가 있는 듯 보이지만, 실제로는 정해진 길만 강요받고 있다. 이러한 시대에야말로 '희망'이 더욱 절실하다.

성공한 인물들은 대부분 남들과 다른 길을 선택했다.

빌 게이츠, 일론 머스크, 스티브 잡스 등은 창의성과 집념, 독서를 통해 남다른 통찰을 키운 사람들이다. 하버드를 자퇴하거나, 도서관의 책을 통째로 읽으며, 세상의 기준보다 자신의 가치에 따라 살았다.

한화 김승연 회장은 29세에 회장 자리에 올라, '독서와 실행력, 현장 중심의 리더십'으로 회사를 이끌었다. 그는 때로 직원들을 위해 비행기로 회를 공수해 주기도 했다. 기업가의 도전은 기술과 인문학의 경계에서 이루어진다.

그들은 실패와 비난을 감수하면서도, 자신의 길을 만들었다. 성공은 IQ나 배경이 아닌, 반복된 시도와 끈기의 산물이다. 지금 여기서 포기하지 않고 한 걸음 더 나아가는 그 행동이 결국 '기회'를 만든다.

현대 사회는 정해진 형식만을 정답처럼 강요한다. 그러나 우리 인생은 복잡하고 다채롭다. 청년 자살률이 세계 최고 수준이라는 사실은, 지금 우리가 놓치고 있는 것이 무엇인지를 알려준다. 더 많이, 더 빨리, 더 높이만을 외치는 사회 속에서 정작 소중한 '나'를 잃고 있다.

『꽃들에게 희망을』속 애벌레처럼, 우리도 방향을 바꾸어야 한다. 공부와 출세보다, 한 사람의 삶 그 자체가 존중받아야 한다. 꼴등이 있어야 일등도 있다. 각자의 생명은 고유하고 소중하다. 희망은, 그 생명을 존중하는 데서부터 비롯된다.

핀란드는 대학 진학을 강요하지 않는다.

원하면 직업학교에서 기술을 배우고, 기업에서 실습하며 사회에 진입한다.

초봉도 안정적이며, 원하는 시점에 대학에 진학할 수 있는 열린 구조다.

'내가 원하는 길'을 선택하는 사회, 그런 시스템 속에서 사람들은 희망을 잃지 않는다.

우리 역시 획일적인 기준 대신, 다름을 존중하는 교육과 환경이 필요하다.

모두가 같은 방향으로 달리는 것이 아니라, 각자의 페이스로, 각자의 길을 걷는 사회 말이다.

『내일을 걷는 용기』는 그런 희망에 관한 이야기다.

나는 수많은 실패와 시련 속에서 배웠다. 삶의 무게를 견디며 걸어온 그 시간들이, 결국 한 권의 책을 쓰게 했다.

이 책은 평범한 사람이 어떻게 '자신만의 삶'을 찾아갈 수 있는지를 말하고자 한다. 총 8개의 이야기에는 도전, 실행,

회복탄력성, 창의성 등이 담겨 있다. 사색과 산책, 독서와 명상 속에서 길어낸 통찰도 함께 실었다.

작고 느린 걸음일지라도, 계속 나아간다면 우리는 반드시 변화를 만들어낼 수 있다. 그리고 그 변화의 시작은 '내일을 걷는 용기'를 다시 갖는 데서 시작된다.

2025. 04. 30
최범수

Contents

Story 1

왜 이 책을 쓰게 되었나?

Story 2

희망을 품고 사는 인생 만들기

왜
이 책을
쓰게 되었나?

지금 우리가
잃은 희망은 무엇일까?

현재 우리 사회는 다소 둘로 쪼개지고 나뉘어 있는 형국이다. 혼란과 마찰이 있다. 이념, 이견과 대립이 심화되어 있다. 어수선한 상황이다. 정치 이념도 다르다. 민주주의를 대하는 사고와 방향도 각양각색이다. 이를 접하는 중장년층도 불안하다. 학생, 청소년도 현실에서 겪는 우리나라의 정치, 리더십 상황에 당황해하기도 한다. 마음이 편하지 않다. 미래에 대한 그림이 불확실성과 어려움, 복잡함 속에 가려져 있다고 느끼기도 한다. 현실에 긍정적 관점과 장밋빛의 앞날을 예상하기 쉽지 않다.

그럼에도 불구하고, 우리는 희망을 품고서 살아가야 한다. 우리 인생은 소중하다. 한 번뿐이다. 지나가면 다시 돌아오지 않는다. 같은 시간을 상처와 불안, 불행과 불확실성 속에 허덕일 수만은 없다. 뚫고 나아가야 한다. 희망을 가지고 전진해야 한다.

물론 우리는 선진국을 지향한다. 세계의 무한경쟁 속에서 살아남고자 한다. 성공적인 인생을 누구나 꿈꾸기도 한다. 여기에 학구열 추구의 두 얼굴이 있다. 그것의 필요성이 있다. 국가의 생존에 요구된다. 세계화 속에서 우리는 전문화, 차별화되어야 한다.

타 국가 대비 핵심산업, 성장 동력과 기술적 우위가 필요하다. 지속 가능성과 특정 분야의 경쟁력 확보를 통한 선점도 필요하다. 따라올 수 없도록 하고 일자리도 창출해야 한다. 손익도 극대화하면 좋다. 전략산업을 성장시키고 시장을 선점함이 바람직하다. 우리나라의 과학, 신사업 분야에 영재를 투입해도 좋을 것이다. 제도적, 정책적인 지원으로 인재를 발굴, 육성시키는 프로그램도 활발히 가동해야 한다.

반면에 일등주의의 후유증은 무엇일까?

자칫 인재들 간의 상대적인 비교, 경쟁으로 인한 낙오된 인원은 패배감이 생길 수 있다. 개인이 받아들이기에 따라서 낙담하고 실패자가 생길 수 있다. 인생의 목적이 희망 찾기, 소중한 자아 형성, 사회공헌, 사랑이라는 것을 잊을 수 있다. 작은 재능도 소중하다는 것을 망각할 수 있다. 가족, 각자의 적성 찾기, 작은 희망과 감사를 멀리할 수 있다. 지나친 경쟁과 비교 속에서 인생의 근본적인 가치와 의미, 소중함의 우선순위가 바뀔 수 있다. 사회적 분위기에 휩쓸려 망각할 수 있다.

　지나친 경쟁, 부추김, 욕심, 물질만능주의에 빠질 수 있다. 세상의 기준에 맞추고 자신의 기준을 잃을 수 있다. 타인의 시선에 맞추어 삶을 사는 경향이 강해질 수 있다. 항상 불안하거나 자존감이 낮아질 수 있다. 자칫하면 이미 총명하고 능력이 좋은 인재들이 잘못된 길로 갈 수도 있다. 상대 비교로 자신의 능력이 부족하다고 치부할 수 있다. 이미 훌륭한데도 말이다. 간혹 극단적인 선택을 하기도 한다. 과연 이러한 것을 어떻게 극복할 수 있을까?

생명의 유한함은
왜 우리를 흔들까?

우리의 생명은 영원하지 않다. 정해진 수명밖에 살지 못한다. 한 통계에 따르면, 1950년 기준으로 우리나라 남성의 평균 수명은 47.5세였다. 여성은 50.8세였다. 불과 100년 전에는 50세를 살기도 힘들었던 것이다. 그 이후 의학의 발달, 영양학, 건강관리 등으로 80세 이상 사는 인구도 많이 늘어났다. 일부는 90세, 혹은 100세 이상까지도 삶을 지속하기도 한다.

그럼에도 인간의 목숨은 영원할 수 없다. 또한 지속적으로 혼자서 모든 것을 잘 처리할 수도 없다. 기억력, 신체 반응, 지각 모두 쇠퇴해 간다. 모든 것을 다 기억하지도 못한다. 어릴 적부터 성인으로 자라면서 많은 것을 배운다. 하지만 완벽하게 모든 것을 배운다는 의미는 아니다. 인생은 항상 불안전하다. 완벽하지 않은 인간이 운영하는 삶은 항상 뭔가 부족하기 마련이다. 그래도 우리는 꿈을 꾸며 살아간다. 꿈과 희망으로 미래를 계획하고 도전한다.

　그동안 혁신하고 새로운 세상을 만들어 낸 사람들은 어떤 사람들일까? 현실에 안주하고 망설이던 사람은 아닐 것이다. 도전하고 적극적으로 앞으로 향하는 사람들일 것이다. 인간은 가끔 삶과 죽음에 대해 생각하게 된다. 미래와 사후에 대한 불확실성과 두려움이 있다. 철학과 종교, 인문학에 심취하기도 한다.

　사는 동안 성공과 기적을 이루는 사람들의 공통점이 있다. 지속적인 습관과 반복, 도전이다. 그들에게만 기적이 발생한다. 매일 반복적으로 행한 일들이 쌓인다. 아침 기상 후 행한 자신의 루틴들이 쌓인다. 지속적인 루틴의 반복이 오늘의 차이를 만들어 냈다. 즉 반복, 습관, 지속성, 시도와 도전의 연속성이 성공을 만드는 것이다.

　물이 들어올 때 노를 저어야 한다. 멀리 보고 꿈을 꿔야 한다. 목표를 정하고 장기적인 관점을 도모한다. 기회를 잡는다. 지속적인 반복 습관을 갖는다. 매일 조금씩 필수적인 것들을 진행하는 것이다. 제한하지 않고 앞으로 나아가는 것이다. 꼭 할 일을 진행하는 것이다. 자신이 설정한 목표를 실행해 간다. 아주 작은 것부터 시작한다. 필자처럼 아침에 일어나서 5분간 독서하고, 스트레칭을 하는 것부터 시작할 수도 있다. 조바심은 버린다. 꾸준하게 반복적으로 행할 때 결과가 나타난다.

희망은 어디에서,
언제 시작되는가?

"인생에서 가장 빛나는 빛은 영원히 사라지지 않는 것이 아니라, 어둠 속에서 다시 피어나는 빛이다."

— 시어도어 루스벨트

인생은 끊임없는 덜기와 빼기의 과정이다. 대화가 안 되는 친구도, 부정적인 감정도 모두 털어내야 한다. 인생을 간단하고 순수하게 만들어야 한다. 그래야 자신을 위한 공간과 시간을 확보할 수 있다. 가치 있다고 생각하는 목적에 인생을 바치는 사람, 자신의 일에 정열을 다 쏟는 사람이 있다. 과감히 도전했으나 실패하고 말았던지 말이다. 결국 자신이 소심하고 무감각한 영혼이 아님을 깨닫게 된다. 그의 의견과 같이 자신의 목적을 가지고 열정적으로 임하는 것도 의미가 있다. 도전을 안 하고 후회하는 경우가 있다. 그보다는 도전하면 실패를 해도 당당하고 경험이 되기도 한다. 이는 회복탄력성과도 관계된다. 고난과 아픔, 좌절 이후에 다시 마음의 평안을 찾는 것이다. 자신의 소중한 것을 지키고 원래로 돌아오는 회복이 중요한 이유이다. **자신이 바라는 희망은 어디에서 올까? 소중한 것이 무엇일까? 생각하게 하는 대목이다.**

"인생을 다시 산다면 더 많은 실수를 저지르리라. 가능한 한 매사를 심각하게 생각하지 않을 것이다. 보다 많은 기회를 붙잡으리라. 실제적인 고통은 많이 겪을 것이나 상상 속의 고통은 가능한 한 피하리라. 이 순간만을 맞으면서 살아가리라. 장비를 간편하게 갖추고 여행길에 나서리라."
– 나딘 스테어(85세, 미국 켄터키주 노인)

카르페디엠, 이 순간을 붙잡아라! 가장 좋아하는 일을 찾고, 그것을 나타내는 삶을 사는 것이다. 목표는 나의 가치관에서 비롯되어야 한다. 이것이 자신을 어리석은 방황에서 보호할 것이다. 나의 삶은 결국 나의 시간이다. 내가 가진 시간만큼 나는 발전할 수 있다.

절망을 희망으로 바꾸려면
무엇이 필요할까?

소중한 나만(only one)의 희망 찾기가 가능할까?

초등학교 1~2학년 시절이었다. 겨울에 한방에서 부모님, 누이, 형, 나까지 여럿이 잠을 잤다. 1980년대 초반이었다. 지금처럼 아파트가 많기 전으로 기억한다. 건넌방, 사랑방은 있었다. 하지만 겨울에는 난방 이유로 방을 같이 썼다. 중학교 시절에 방 한편에 책상과 공부용 스탠드가 나에게 주어졌다. 누가 자더라도 그 스탠드 등만 켜면, 책상은 나만의 공간이었다. 특히 방에 불을 끈 후, 오로지 켜진 스탠드는 독립된 나의 상상과 꿈의 장소이기도 했다. 아늑함과 희망을 느꼈다.

학교를 다녀오면 집에 있는 토끼 밥을 주곤 했다. 우리 안에서 조그만 입을 계속 움직이면서 씀바귀, 클로버를 씹어 먹는 것이 어찌나 귀여운지 모른다. '쪼니'라 불리던 작은 강아지도 친구였다. 밥때도 잊은 채 구슬치기, 딱지치기, 연날리기를 하던 시절이다. 늘 기쁨과 막연한 희망이 있었다.

과거에 필자가 초등학교 6학년 때 서울에서 회사에 다니던 누이를 만나러 여의도로 놀러 갔다. 거기서 자전거도 배웠다. 고향인 안성에서 서울고속터미널까지 1시간여 버스를 타고 갔다. 13살 때 난생처음 서울 가는 차를 타고 내린 후 차멀미를 했다. 그래도 서울 구경, 누이를 만나서 좋았다. 자전거를 제법 탈 수 있게 되어 즐거웠다. 3살 터울의 중학생 누이와 같이 가서 든든했다.

그때는 누구와 비교하지 않았다. 욕심이 없었다. 재촉하는 마음도 없었다. 그냥 어제 안 해본 새로운 것을 하니 좋았다. 경험해 보고 느끼니 좋았다. 돌아보니 나의 희망과 행복은 파랑새와 같다. 멀리 있지 않고 가까이 있었다. 세상의 기준, 부러운 대상을 정하지 않으면 된다. 더 가지려 안 하면 된다. 현재의 것에 고마우면 희망이 있다. 기쁘다. 설렌다.

단순하게 살면 더 좋다. 내가 통제할 수 있는 것에는 새롭게 경험하고 도전하면 된다. 여행, 음악 듣기, 새로운 책 읽기, 배워보기, 가르쳐 보기, 도와주기 등 새롭게 경험할 것들이 얼마든지 있다. 글쓰기를 통하면 나를 더 알게 된다. 어떻게 하면 어려울 때 희망을 더 찾을까? 이처럼 나만의, 나다운, only one의 희망을 찾아간다.

어려움과 절망이 찾아오는 경우가 있다. 이럴 때도 스스로에게 질문을 던진다.

'어떻게 이것을 극복할까? 어떠한 좋은 것으로 이런 고통

의 순간을 덮을까? 때때로 찾아오는 절망을 희망으로 바꾸는 것을 연습하면 얼마나 좋을까?'

희망을
품고 사는
인생 만들기

앞에서 언급한 가속화되는 경쟁, 편리해지지만 희망이 감소되는 사회에 우리는 살고 있다. **희망이 왜 작아질까?** 100년 전보다 수명이 2배 가까이 늘었다. 주거, 교통, 통신, 교육, 문화, 물품 종류, 구매 형태 등 대부분의 분야가 개선되었다. 세계가 인터넷과 통신으로 실시간으로 연결되었다. 자유롭게 여행도 다닌다. 그럼에도 왜 더 불행하다고 느끼는 사람이 늘었을까? 어떻게 하면 우리의 자녀들, 젊은이들을 더 희망 가득하게 해줄 **수 있을까?** 몇 가지로 생각, 참조해 본다.

다르게 살고 싶은 나,
어디서 시작할까?

나는 어떠한 사고와 방향을 설정하고 인생을 살 것인가? 청소년, 청년 시절은 어떻게 보낼 것인가? 중년과 노년을 거치면서 또한 어떻게 살아갈까? 세상을 향한 나의 꿈과 미래의 비전은 무엇일까? 내가 진정으로 바라고 원하는 것이 무엇일까? 어떤 것을 할 때, 나는 가장 희망으로 가득한가? 내일 지구가 멸망하더라도, 나는 오늘 어떤 것을 제일 하고 싶을까? 생각해 보기도 한다.

일례로 죽음을 앞둔 노인들이 흔히 하는 이야기는 돌아보니 인생이 짧다는 것이다. 그런 점에서 타인의 기준에 맞춰서 살지 말라고 조언한다. 특히 어떠한 사고로 예기치 않게 죽음의 문턱까지 갔다가 가까스로 살아난 분들의 공통적인 의견이기도 하다. 우리 스스로가 원하고 맞는 꿈과 비전을 찾아가라고 말한다.

많은 경우, 꿈 또는 미래에 대한 비전의 설정을 요한다. 비전은 우리 인생에서 중요한 기준이 된다. 자신의 꿈과 미래의 방향을 설정하는 것이기 때문이다. 이는 인생의 여정에서 다양한 문제, 변화에 따른 혼돈, 불안이 올 때 빛을 발한다. 나 자신을 강하게 이끌고, 집중하게 만드는 비전이 필요하다. 계속 설렘을 가지고 도전하게 하는 원동력이 되기 때문이다.

튀어도 의사표명을 솔직히 할까? 그냥 조용히 지낼까? 회의를 마쳤을 때, '여러 사람 중에 궁금한 점을 질문할까, 말까?' 우리는 순간순간 망설인다. 어떤 일을 마치면 나 스스로에게 묻는다. 실수, 실패인가 또는 소중한 경험일까? 내 인생의 주인공은 나야! 부끄러울 일인가, 떳떳한 행위인가?

절망에서 벗어나려면
무엇부터 해야 할까?

누구에게나 좋아하는 것이 있다. 끌리고 관심 있는 분야가 있게 마련이다. 가정생활을 통해서 부모에게 영향을 받는다. 자주 보고 접하면서 영향을 받게 마련이다. 학교와 외부에서 체험을 통해서 관심이 생기기도 한다. 시간 가는 줄 모르고 하는 것이 자신이 희망하는 것이다. 눈 깜짝할 사이에 끝나는 것이다. 또 하고 싶다. 아쉽다. 만들기, 노래하기, 춤추기, 그리기, 말하기일 수 있다. 스포츠 게임, 외국어, 발표하기일 수도 있다. 역사, 문화, 예능, 기계 조립, 장난감 수집일 때도 있다.

나는 중학교 시절 교내의 글짓기 대회에서 몇 번 입상했다. 특별한 재능이 있었던 것 같지는 않다. 선생님 추천으로 외부 글짓기 대회에 나가기도 했다. 학교 교과서, 참고서 외에 독서를 별로 많이 하지 않던 시절이다. 시 글짓기 대회에서 '가작' 수상을 한 적이 있다. 그리고 교내 영어 암송대회에서 수상을 했다. 실력은 기본 수준이었던 것 같다. 그저 선생님이 짜 주신 스크립트 기본에서 암송한 것이었다. 그럼에도 그때부터 외국어가 재미있고 늘 흥미로웠다.

결국 시간이 흘러 대학교 졸업 후 모습이 있다. 유년 시절 나의 흥미, 관심과 연결됨을 알았다. 26년간 영어, 일본어, 기타 외국어를 사용하는 일을 했다. 국내 기업 해외영업, 해외마케팅, 외국 회사 근무를 했다. 해외에서 약 9년간 근무했다. 50여 개 해외도시를 방문했다. 몇백 차례 해외 입출국을 했다. 30여 국가에 외국인 지인이 생겼다. 미국, 일본, 싱가포르, 두바이, 홍콩, 요르단, 레바논 등에는 나름 친숙한 외국인 친구나 지인이 살고 있다.

미국 조지아 수족관

애틀랜타 동물원

아랍에미리트(U.A.E) 콘도, 최고층 빌딩 부르즈 할리파, 요르단 페트라

외국 서적, 통번역에도 흥미가 있다. 그래서 25년 1월 출간 서적도 영문으로 스스로 번역했다. 『상처와 불안 이렇게 극복해!』이다. 경영학 논문 2개를 영문으로 쓰기도 했다. 학위를 받았다. 이처럼 어릴 때 흥미, 좋아하는 분야가 직업과도 연결되었다. 지나고 보니, 평생 이렇게 계속될 수 있구나 싶었다.

오늘 하루만 생각하자. 그러면 늘 재미있을 수 있겠구나 싶다. 일도 열심히 했었다. 업무 출장 또는 개인 휴가 때 주어지는 해외방문도 즐거웠다. 싱가포르, 말레이시아, 인도네시아, 태국, 베트남, 일본 같은 아시아 국가는 친숙했다. 네팔, 스리랑카도 낯설지 않다. 인도는 처음에는 비행기 타기도 어려웠다. 독특한 향 때문이었다.

싱가포르 클락키

싱가포르 보타닉 가든, 인도 타지마할

뭄바이 공항에서 호텔로 가는 길도 2000년대 초반에는 비포장길이 있었다. 'Horn Please(경적을 울려라)'라고 정책적으로 권고한다. 차에도 표시해 놔서 택시 안이나 자가용에 탑승해도 늘 시끄러웠다. 인도는 간디가 명상을 행한 나라인데, 차에 타면 사방 요란한 경적 소리에 정신이 없다. 현지 비포장 도로 적응도 어려웠다. 몇 번 이상 가니 친숙해졌다. 나름 매력이 있다. 카레 향기도 친숙하다. 탄두리 치킨도 맛있다. 현지 샵(shop) 방문 때 물만 조심하면 된다. 병에 든 bottled water를 안 마시면 된다. 웬만한 외국인은 설사하기 쉽다.

영국인들이 죄수를 멀리 보내면서 시작한 역사의 호주도 아름다웠다. 시드니 본다이 비치의 아름다움, 오페라 하우스의 인증샷도 기억난다. 브리즈번도 가볼 만하다. 차량에 노트북을 잘못 두면 분실사고가 날 수 있어서 트렁크에 보관해야 하는 호주이다. 어디 가서 사진을 찍어도 그림 같던 스위스 기차여행도 값진 경험이다. 융프라우에서 흰 눈을 뭉쳐보곤 했다.

스위스 융프라우

스위스 인터라켄

이탈리아, 프랑스, 독일, 스웨덴, 포르투갈을 다니면 건물
에서 유럽의 지난 역사가 느껴진다.

이탈리아 로마 시내

스웨덴 스톡홀름

세련되고 고풍적인 느낌도 받는다. 국가에 따라 경제상황이 많이 다름을 느낀다. 필자는 늘 선진국들의 다양한 도서관에 가보고 싶었다. 도서관 숫자가 국력과 기술력과 상관관계가 있다. 각 곳의 독특한 도서관 구조와 역사를 알고 싶었다.

미국은 운전하기 좋았다. 출장으로 주로 샌디에이고(San Diego), 애틀랜타(Atlanta), 그리고 플로리다(Florida) 지역을 갔다. 중국은 친근하지만, 언어가 어려웠다. 겨울에 정말 추위가 이런 것이구나 느끼곤 했다. 언어만 제외하면 지내기 무리가 없었다.

일본 도쿄나 주변 도시로의 출장, 여행은 즐거웠다. 지진으로 호텔이 가끔 흔들려도 자주 겪기에 별 반응이 없는 일본인들이 신기했다. 방문이 매번 흥미로웠다. 지인과 같이 한 식사와 사케도 정겹다. 후쿠시마 원전 인근의 거래처 방문

때 등골이 오싹했던 기억도 남아있다.

중동은 몇 년을 살았기에 익숙했다. 이스라엘, 요르단, 팔레스타인, 레바논, 이집트, 시리아, 아랍에미리트와 이라크가 낯설지 않다. '형제의 나라'로 칭하는 터키까지 연결된다. 터키도 역사적인 유적지가 꽤 있다. 유럽으로 더 여겨지는 곳이다.

2007년부터 몇 년간 아랍 친구들이 다수 생겼다. 두바이, 요르단, 레바논에서 주재원으로 근무한 적이 있기 때문이다. 해외사업을 담당했다. 레바논 해안가에서 낚시하는 사람들을 흔히 볼 수 있다. 더울 때는 산에 올라가서 쉬기도 한다. 운치 있는 곳이 많다. 주변국과 정치적인 분쟁만 없다면 살기 좋은 곳이다.

레바논 해안의 정경

성경 속의 삼나무(필자)

양고기와 성경에 나오는 장소가 많아서 좋았다. 몸이 물 위에 뜨는 사해(死海)의 추억, 진흙을 바르던 것도 즐거웠다. 그곳의 머드팩은 현재 국내 열풍인 맨발로 흙길을 걷는 활동도 연상시킨다. 여행이나 주재할 때 주위 외국인과의 대화도 즐거웠다. 낯선 외국인과 비행기 안, 공항, 호텔, 식당, 사무실, 관광지의 대화가 흥미로웠다. 쇼핑센터, 행사장, 개인적인 대화 등도 재미있었다.

외국에 대한 나의 흥미는 15살 때 영어선생님의 칭찬에서부터 시작되었다. 그것이 20여 년 경제활동 하는 주 업무인 해외영업, 마케팅으로 연결되었다.

중학교 때 글쓰기 대회 참가 경력이 40대 중반에 글쓰기로 다시 연결되었다. 20, 30대에도 회사 보고서, 외국 고객에게 보내는 제품 소개나 이슈 협의 내용의 이메일에도 최소한의 글쓰기를 적용했다. 같은 사안도 글쓰기 실력에 따라서 더 잘 설명할 수 있기 때문이다.

새벽기상과 아침 5분 독서를 몇 년 전에 시작했다. 꾸준하게 매일 5분 독서와 5분 글쓰기를 시작했다. 익숙해지면서 부담 없이 자연스럽게 지속시간이 점차 늘어나기도 한다. 40대 중반에 출간의 꿈을 이루었다. 10대와 다른 것이 한 가지 있었다. 독서에 빠진 것이다. 몇 년간 새벽독서 취미를 붙인 것이다. 4~5년간 1,400권의 책을 읽었다. 그중 약 500권은 반복독서 중이다. 취미가 붙으니 틈틈이 시간이 날 때 읽었다. 더 다양한 각도로 세상을 이해했다.

몇 년간 글쓰기도 조금씩 지속했다. 메모나 독서노트, 블로그 글쓰기를 한 것이다. 스스로 원하는 글을 쓰게 되었다. 글쓰기가 치유 효과가 있음도 몸소 경험했다. 과거의 아픈 기억을 정리하는 데 도움을 주었다. 독자에게 공감, 위로를 주기도 했다. 그런데 우선 나 자신에게 도움이 되곤 했다. 그것이 몇 번의 출간으로 이어졌다. 그래서 이번 책도 나오게 되는 것이다.

희망을 품고 나아간다. 나만의, 나다운, 유일한 나의 꿈은 이렇게 이어진다. 평범한 직장인, 작가인 필자의 경우는 이러하다. 그러니 청소년, 청년들도 참고한다면 좋을 것이다.

어떻게 하면 절망이 희망이 될까? 인생에서 자신의 비전이 설정되면, 그 힘은 상상보다 세다. 존재 목적을 알려준다. 단순히 생존을 위한 일 말고, 하지 않으면 견딜 수 없을 정도로 강렬한 것이 되기도 한다. 특히 필자의 경험으로도, 그것을 종이에 적어서 붙여 놓으면 좋다. 이쪽저쪽에 보이게 놓는 것이다. 그러면 나도 모르게 되뇌게 된다. 현실화가 된다.

어릴 때 시골에서 마중물을 넣고 펌프질을 해보았다. 한동안 움직이면 신기하게 펌프에서 물이 나온다. 샘에서 펌프질로 연결되어 물이 솟아나는 것과 비슷하다. 오늘 했지만 내일 또다시 해보고 싶은 일 같은 것이다. 그렇게 자신에게 생동감과 동기부여를 날마다 주는 일이 비전으로 정해지면 얼마나 좋을까? 늘 도전하면서 기쁨과 기대를 느낄 것이다.

곤충학자 장 알리 파브르에 따르면, 날벌레는 특별한 목적 없이 무작정 앞에 있는 다른 벌레를 쫓아서 날다가 약 일주일간 배회한다. 그 이후에 대부분 굶어 죽는다고 한다. 목표와 방향을 설정하지 못하면, 곤충도 이렇게 되는 것이다.

사람이 곤충과 같을 수는 없지 않을까? 어릴 적 시골에서 등불 아래에 많은 풀벌레가 모이는 것을 보았다. 불빛만 보이면 본능적으로 달려드는 벌레들이다. 필자가 초등학생일 때 벌레가 불빛을 보고 달려들면 기구에 닿는 순간 '찌르륵' 타버리는 벌레 퇴치용 전기기구를 처음 접한 것으로 기억한다. 나방이나 초파리, 모기, 벌레 등의 운명이 허무하고 가엾게 보이는 순간이었다. 우리는 인간으로 날벌레와 다르다. 분명한 삶의 꿈과 목적이 있으면 좋다.

혁신가, 성공한 사람들은 대부분 꿈과 비전이 명확했다.

테슬라의 CEO인 일론 머스크는 전기자동차를 만들고, 우주탐사의 연구를 지속한다. 선구자적 사고와 진취적인 행동을 한다. 보통 사람이 생각하지 못하는 수준의 변화를 추진하고 있다. 학창 시절 집 근처 도서관의 책을 거의 다 읽었다는 그의 이야기는 유명하다. 초기 전기자동차 테스트용 모델을 본인이 직접 타고 집까지 퇴근하는 실험정신도 대단하다. 그 스스로가 꿈과 비전이 명확했기에 가능했다. 비전과 꿈을 설정하고 도전한 사례들이 감동과 배움의 기회를 주기도 한다.

손정의 회장 이야기

그는 검정고시로 미국고교에 입학했다. 그 후 월반하고 미국대학에 진학하게 된다. 미국에 가는 자격을 얻기 위한 시험이 있었다. 영어가 서툴러서 시험에 어려움을 겪었다. 일영, 영일 사전을 사용한 것이다. 시간제한이 있었는데 손정희 회장은 감독관과 협의 또는 협상을 한다. 본인은 일본인

인데 영어시험을 본다. 문제 이해를 위해서 영어사전을 쓰므로 시간이 더 걸린다. 그래서 시험시간을 더 달라고 요청하고 설득한다. 결국 보통 쉽게 포기할 상황에서 설명하고 협상을 하여 밤 12시까지 혼자 남아 미국학교 진학시험을 보았다는 것이다. 보통 사람이면 흔히 그만둘 수 있다. 가까스로 설득을 받았다. 시험을 쳐서 미국학교 진학이 결정되었다. 정당한 권리로 입학한 것이다. 물론 그 후 영어 배우는 별도의 과정이 필요했다. 시행착오도 계속 겪었다. 그의 인생은 계속된 도전이다. 용기와 배포가 대단하다. 과거부터 그는 다독가로 전해진다. 창의력과 상상력으로 꿈꾸고 실행하는 인물임을 안다. 타국에서 일정 기간 이상 지내본 사람들은 안다. 새로운 곳의 행정, 병원, 교통, 문화, 마트 가는 것 등 모두가 낯설다. 사람 관계 역시 새롭다. 어쨌든 그는 남들과 다른 것들을 해냈으며 늘 도전하고 구상하여 만들어 냈다. 훗날 그는 소프트뱅크그룹의 회장이 된다. 쿠팡 지분 매입 건을 봐도 과감한 배팅에도 능하고 선구자적 기질이 다분해 보인다.

스티븐 스필버그 이야기

영화 〈쥬라기공원〉으로 세계적으로 유명한 영화감독이 된 그의 이야기도 잘 알려져 있다. 그가 영화의 거장이 되기 전에, 미국 유니버설 스튜디오를 다니다가 편집기술자를 만난 이야기이다. 이미 그는 자신의 꿈과 비전을 세웠다. 이전에 몇 개의 영화를 스스로 만든 경험이 있었다. 편집기술자 실버즈를 만나서 대화하는 중에, 자신의 영화에 대한 관심을 이야기했다. 그리고 이미 만든 것들을 보여주게 되었다. 그래서 그의 인생에 또 다른 길이 열린 것이다. 그도 상상하고, 꿈꾸고, 용기를 내어 도전한 것이다. 자신의 꿈과 뜻을 표현하고 밖으로 내보이면서 기회가 왔다.

빌 게이츠 이야기

그는 하버드 대학교를 중퇴했다. 늘 독서를 가까이했다. 그는 "모든 사람이 각자 1대씩 PC를 사용하게 한다."라는 명확한 꿈과 비전이 있었다. 세계적인 기업인 마이크로소프트 사업 시작의 초석이 된 것이다. 이처럼 자신만의 것을 세우면, 그 방향으로 나갈 수 있다. 반대로 그러한 비전이 없다면, 타인의 방향에 따라가거나 휩쓸리게 될 수 있다. 자신의 인생의 꿈과 비전을 원하는 분야나 스타일에 맞게 세우면 좋다. 그 목적과 방향에 맞는지 스스로 살펴봐야 한다. 가속화된 경쟁사회, 물질만능주의, 편리한 만큼 다소 각박한 사회, 세계가 하나로 연결되고 노출된 사회에 살고 있다. 발전된 만큼 위험에 노출될 수도 있다. 타인이나 대중의 의견과 기준에 영향을 받기 쉽다. 다수의 견해가 나에게 영향을 직접 미칠 수도 있다. 이럴 때 특히 자신을 지킬 무언가 필요하다. 그것이 바로 자신의 꿈과 비전이다.

필자 역시 고난의 시간이 있었다. 18세, 33세, 39세, 49세에 어려움이 있었다. 아이, 가족, 직장, 사업, 인간관계, 질병 등 다양하다. 누구나 큰 시련과 고통을 겪고 나면, 더욱 단단한 자신을 발견할 수 있다. 인생에서, 과거부터 현재의 시간 동안 가장 잘 지낼 때와 어려울 때를 정리해 본 적이 있다. 소위 산맥 타기라는 그래프를 그려봤다. 실패와 좌절, 예기치 않은 불행이 누구에게나 찾아온다. 누구나 고난의 시간이 있다.

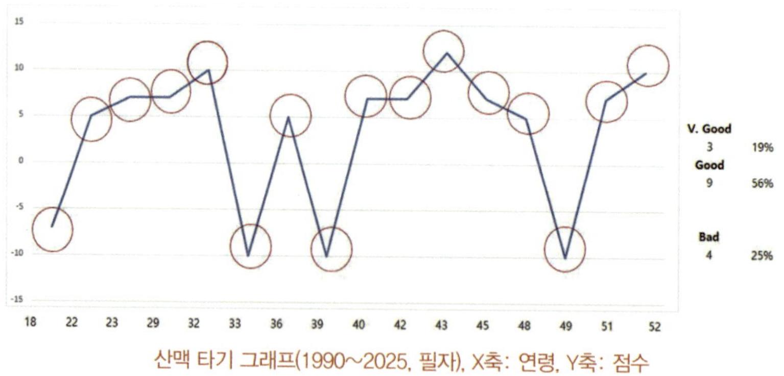

산맥 타기 그래프(1990~2025, 필자), X축: 연령, Y축: 점수

그 당시에는 큰 어려움이다. 그럼에도 불구하고 그 순간을

이겨내면 훨씬 더 성숙해진 자신을 발견하곤 한다. 아이를 키울 때, 며칠 아프고 나면 훌쩍 커버린 자녀를 발견하는 것과도 흡사 유사하다. 늘 중요한 것이 있다. 우리가 왜 존재하는가? 나는 무엇을 할 것인가? 지금 나에게 가장 중요한 것은 무엇인가? 작은 것부터 하나씩 어떻게 해 나갈까? 이러한 내용이 핵심적이다.

필자도 뒤늦게 알게 되었다. 3040에 스스로 적용함에 빠르지 않았다. 직장생활에서 현실에 닥친 업무들을 처리하기에도 바빴다. 경제적인 것, 회사에서 자리 잡는 것이 먼저였다. 그래서 관점이 고착되기도 했다. 그 후 몇 차례 고난, 고비와 자신과의 대화, 쉼의 시간을 통해 알게 되었다. 생각의 방향을 조금만 바꾸면 된다. 인생 최대 목표를 꼭 '성공'에만 맞추지 않아도 된다. 나의 '성장'에 집중해도 괜찮다. 강박관념 없는 그러한 설정도 도움이 된다. 그 위에서 늘 도전하면 된다. 마음의 여유를 가지고 진행하는 것이다.

독서를 즐기면서 인생이 바뀐다는 이야기를 자주 듣는다. 필자 역시 독서를 통해 인생이 계속 진화하고 발전함을 느낀다. 하지만 만약 '독서를 통한 성공'의 목표를 세운다면, 스스로 불편할 것이다. 부담이 되고 독서가 즐겁지 않을 것이다. 오히려 즐기고 흥미를 갖게 하는 것은 나의 목표를 '성장'에 두는 방법이다. 필자도 오늘만을 생각한다. 나의 성장이 목표이다. 독서는 그 목표에 막대한 영향을 준다.

좌절과 마주한 내 삶,
어떻게 바라볼까?

"게임을 즐기듯, 노래하고 춤추듯, 삶을 하나의 놀이로 대해야 한다."

– 플라톤

삶이란 결코 답을 구할 수 없는 문제다. 실패를 잘 이겨내는 사람이 백 명이라면, 성공을 잘 이겨내는 사람은 그중 하나 정도라고 현자들은 말했다.

자신이 좋아하고 관심 있는 것을 찾는다. 기회를 찾는다. 적극적으로 시도, 도전한다. 실패해도 괜찮다. 다시 도전하면 된다. 토머스 에디슨, 베토벤, 손정의 회장, 경제공황 때의 프랭클린 루스벨트 대통령, 김대중 대통령, 한화그룹 김승연, 웅진그룹 윤석금, 셀트리온 서정진, 화이트폭스 김승호, 하림그룹 김홍국 회장처럼 말이다. 그 외에서 무수한 분들이 성공 전에 끊임없는 시도와 도전을 했다. 그 이후에도 변화하는 세계에서 지속적으로 유사한 과정을 반복한다.

망설이고 회피하면 대부분 우리는 후회한다. 도전하고 시도하면 된다. 안 돼도 후회가 없다. 작은 것에도 소중함을 느껴본다. 감사한 것을 3~5개 적어본다. 나는 소중하다. 할 수 있다. 나의 희망과 기대의 기준은 내가 정한다. 어제보다 발전된 나, 성숙한 자신, 도전한 모습이면 충분하다. 신은 나에게 재능을 주었다. 그것을 찾고 계발시킨다. 희망과 기대는 상대적이다. 나만의 것이다. 나의 가치와 삶은 내가 만들어 간다. only one(나만의), 특별한 나니까.

현실성 없는 꿈에서
깨어나려면?

나는 무엇을 할 때 즐거운가? 시간 가는 줄 모르고 빠져 있는 것이 무엇일까? 어떤 것을 하면서 제일 희망에 차고 설레는가? 관심 있고, 더 배우고 싶은 것은 무엇일까?

우선 현재 내가 좋아하고 관심 있는 것을 살펴본다. 어떤 음악, 특정 스포츠, 만들기, 그리기, 대화하기를 좋아할 수 있다. 여행계획 짜기, 노래와 춤으로 표현하기, 문화체험, 조립하기, 글 몇 줄 쓰기에 흥미가 있을 수도 있다. 실험하기, 계산하기, 멍때리기, 심부름하기를 재밌어할 수도 있다. 그러한 나만의 관심, 흥미를 더 살펴보면 어떠할까? 창조적이고, 나만의(only one) 것은 기존의 것을 새롭게 연결, 배치한다. 나만의 독창적인 것을 추가한다. 나의 개성, 색깔, 아이디어를 입힌다. 그렇게 나만의 것을 하나씩 만들어 가면 어떠할까?

필자의 경우, 그 모든 시작은 새벽기상과 5분 도전의 반복이었다. 목표한 분야를 하루 5분, 매일 반복, 작게 계속 시도하는 것이다.** 결국은 모든 것이 연결되니, 한 개씩 흥미 있고 좋아하는 것을 해보는 것이다. **인생 최대의 목표는 '성공'이 아니라 '성장'이어야 한다.** 독서에 집중하고 즐기면 우리가 인생이 바뀐다. 세상을 대하는 사고와 방법이 바뀐다. 시야가 확장되기도 한다. 자존감과 자신감도 높아진다. 다양한 방법이 생각나는 것이다. 이것이 독서의 장점이다.

필자는 2020년 여름부터 현재까지 몇 년 동안 그것을 몸소 경험했다. 자신감과 자존감, 자기 효능감이 높아진다. 인생을 바라보는 시각이 개선된다. 긍정적이고 적극적, 희망적이 된다. 타인과 비교하지 않게 된다. 자신의 가치와 할 일을 더 찾게 된다. 소소한 것에 감사하게 된다. 꿈꾸는 희망이 주는 기쁨이 크다. 근심, 걱정, 불안을 떨치게 된다. 당장 오늘만 생각하니 한결 가볍다. 복잡한 관계가 정리된다. 희망의 크기는 별개의 문제이다. 단순함과 간결함이 큰 희망과 꿈을

책 출간

주는 것을 깨우쳤다. 불평이 없다. 통제할 수 없는 것에 미련
을 갖지 않는다. 나의 손을 떠난 것은 신의 영역이다. 운명이
라 여긴다. 거기에 미련을 갖지 않는 것이다. 독서와 글쓰기,
책 출간의 작은 꿈을 필자도 이루어 가고 있다.

이것을 필자는 새벽 기상과 독서로 시작했다. 그리고 꿈을
이룬다.

카페에서 글쓰기

왜 나는 항상
큰 기대만 하는 걸까?

필자도 꿈을 품고 한 걸음 앞으로 나가는 변화의 계기가 있었다. 그런 습관의 변화는 2020년 여름에 시작되었다. 몇 명의 뇌과학자, 김승호 회장의 책이 영향을 미쳤다.

처음에는 한두 번 그냥 가볍게 해본다. 뇌가 변화를 인지하게 못 하게 작게 시작한다. 관심이 생기는 분야이면 몇 번 더 진행한다. 그것이 자신의 목표라면, 종이에 적어 놓는다. 여기저기 붙여 놓는다. 내 방 거울 앞, 화장실, 책상, 벽면, 거실 책장 등 가는 데마다 그것이 보인다. 지저분하다고 아내의 의견을 듣지만 할 수 없다.

나의 경우에는 몇 가지를 해보았다 흔히 하는 팔 굽혀 펴기로도 시도했다. 몇 년 전에는 바쁘다면 핑계로 한동안 운동을 안 했다. 그러다가 매일 2회 5분 이내로 해보았다. 그렇게 며칠, 1주일, 한 달, 6개월을 계속했다. 신기하게도 팔 굽혀 펴기 몇십 개가 전혀 부담이 안 되었다. 자신감도 생겼다. 별거 아닌 거 맞다. 50대가 되면서 근육운동이 필요했다. 계단

오르기도 병행했다. 웬만하면 엘리베이터를 안 타려 한다. 회사에서 외근 중, 서울 왕복 전철을 타러 갈 때 거의 계단으로 간다. 에스컬레이터도 자제한다. 어떤 때는 이동하고 걷기만 해도 만 보를 넘기곤 했다. 그것도 5분 계단 걷기로 시작한 습관이다.

다음은 달리기이다. 20년 동안 뛰어본 일이 잘 생각이 안 난다. 1995년 강원도 화천의 어떤 연병장에서 축구할 때 말년 병장으로 열심히 뛴 것이 마지막인 듯하다. 약속에 늦을까 봐, 잠깐 서둘러서 움직인 것 말고는 말이다. 그런데 몇 년 전 근처의 배다리공원에서 달리기하는 주위 분들을 보고 느낀 바가 있다.

공원에서 주말에 뛰는 단체 러너들을 본 후에도 부럽기도 했다. 그래서 혼자서 아침에 5분씩 달려봤다. 처음에는 걷다가 뛰다가 반복했다. 계속 달리는 것이 불가능했기 때문이

평택 배다리공원 – 산책과 걷기

다. 그런데 이 습관도 며칠, 몇 주를 반복하니 한동안 달리는 것이 가능했다. 코로 숨을 쉬는 연습을 하면서 말이다. 이러한 과정이 바로 5분 매일 반복 루틴이 주는 작은 변화였다.

　새벽 5시 전후 기상을 실시했다. 계기는 단순했다. 평소보다 2시간 일찍 깬 적이 있었다. 물을 많이 마신 날, 혹은 뭔가 고민이 있는 날이다. 그런데 아침의 고요함과 맑은 정신이 좋았다. 혼자만의 시간이었다. 그것을 몇 번 반복하니 희망이 생겼다. 그래서 일찍 일어나기로 했다. 평소보다 빨리 자면 가능했다. 현재는 4년 반이 지났으니 습관이 되었다. 저절로 눈이 떠지는 상황이다. 몸이 기억한다. 66일의 법칙과 같이 보통 두세 달이면 습관이 된다.

　초반에는 일어나서 할 것이 마땅치 않았다. 다시 잘까 하는 생각도 할 정도로 말이다. 맨 처음에는 새벽에 깨서 할 것이 없었다. 그래서 책을 1페이지씩 읽었다. 그러다가 지루해지면, 다른 책을 보기도 했다. 그러한 반복이 며칠 지속되었다. 그 후 몇 페이지를 읽게 되었다. 재미있는 부분은 표시했다. 시간이 몇 주 흐르니 10분, 15분 독서도 자연스러워졌다. 그러한 루틴이 석 달, 넉 달을 넘어갔다. 그 사이 가방에, 외출 시 손에는 늘 책을 들고 다녔다. 잠깐 밖에 무언가 사러 가도 손에는 책이 있었다.

　그 이후 30분, 또는 1시간 독서도 할 수 있었다. 그 이상도 집중하곤 한다. 독서가 습관이 되었다. 결국 한 달에 몇 권의 책을 읽게 되었다. 단 흥미로움을 유지한다. 약간의 아쉬움을 갖고 항상 멈춘다. 재미있고 다음이 기대되는 순간에 책을 놓곤 한다. 다음에 몰입할 여유분, 설렘을 남겨두는 나의 방식이다. 책에서 소개되는 다른 흥미 있는 주제의 책은 꼭 메모해 둔다. 그 주에 도서관에서 빌린다. 눈이 아프거나 몸이 뻐근하면 우선 쉰다.

즐겁고 희망을 가지고 독서를 하는 이유이다. 몸이 아프면 하지 않는다. 에너지의 약 70% 수준으로 쓰는 콘셉트로만 즐겁게 독서한다. 절대 무리하지 않으려 한다. 즐거움이 목적이다. 강박관념으로 굳이 하지 않는다. 머리가 무거울 때는 차라리 산책을 한다.

밖에 나가거나 음악을 들으면서 몸을 움직인다. 축구광으로 볼 트래핑(저글링)을 하기도 한다. 과거처럼 50번 이상은 못해도 그래도 아직 몸이 기억한다. 몸을 움직이면 머리가 맑아진다. 5분의 독서 습관이 매일 지속되었다.

자연 친화적인 삶, 집 근처 사색 장소

약 6개월 후부터 필자는 점차 독서광으로 변해가고 있었다. 이렇게 재미있는 책이 많은 줄 몰랐다. 결국 서로 다 연결되는지도 몰랐다. 고전, 철학, 인문학을 왜 읽는지 조금 이해가 되었다. 그것이 반복되니 일주일에 몇 권을 가볍게 읽었다. 습관이 지속되니 주말에는 하루에 두세 권을 읽는 경우가 나타났다. 나 스스로 신기했다. 이러한 것이 5분 반복의 습관에서 필자는 시작되었다.

새벽기상을 2020년 하반기에 시작했었다. 4년 반의 시간이 금방 지나갔다. 그사이 읽은 책이 1,400권을 넘어섰다. 약 700~800권을 읽었던 것이 2년 전이다. 읽기를 반복하니 메모의 횟수가 늘어났다. 책에 적거나 종이에 적었다. 분량이 많아지니 노트북에 따로 독서 후 기록을 했다. 일부는 블로그에 적기도 했다 감명 깊은 책은 다시 읽었다. 일정 시간이 지나면 보통 책은 한 번 읽은 것이면 특별한 부분 외에는 기억이 잘 나지 않았다. 표시를 많이 해두고 메모도 한다. 책을 사서 책장에 카테고리별로 모아둔다.

반복독서를 위한 집 안의 책꽂이(필자 서재, 2020~2025.03 기준)

희망, 회복, 시집, 인문학, 글쓰기, 독서, 철학, 경영, 마케팅, 공부법, 문학, 기술, 투자, 자서전 등 다양하다. 현재 약 500권의 책을 다독, 복독용으로 방에 가지고 있다. 대부분 평생을 통해 더 볼 책이다. 헤르만 헤세가 『독서의 기술』에서 이야기한 책과의 추억, 향기가 있기에 소중하다. 최근에 일부는 스레드(인스타그램)에 메모하기도 한다.

이처럼 5분 반복이 지속되었다. 그런 활동이 결국 출간을 몇 차례 하게 했다. 초반에는 출판사에 낼 정도의 원고 수준이 안되었다. 글쓰기를 전문으로 하지 않았기 때문이다. 해외영업 출신, 외국사업 경력의 직장인이다. 또한 글을 쓰지 않은 지 오래되었기 때문이다. 중학교 시절 학교에서 글쓰기로 수상한 적은 있다. 하지만 그 이후로 그런 기회가 거의 없었다. 혹은 아주 가끔 글을 썼지만 흐름이나 문맥이 부족해 보였다.

그래서 새벽기상 후 루틴으로 독서와 글쓰기 책을 찾아서 읽었다. 그 분야의 전문가들 책을 찾아서 읽었다. 그리고 다시 5분 루틴으로 글쓰기를 시도했다. 그것을 조금씩 몇 년간 지속했다. 결국 24년 말에 한 곳의 출판사에서 출간 제의를 받았다. 그래서 지난 출간 도서 『상처와 불안 이렇게 극복해!』를 출간한 것이다. 이 역시 나의 '5분 루틴', 일상의 작은 변화로 가능했다. 그때가 약 1,250권의 책을 읽었을 때였다.

그동안 몇 년간 다양한 주제로 독서일지를 써왔다. 경제, 인문학, 투자, 성공, 희망, 회복, 마케팅, 고전, 글쓰기, 협상, 공부, 독서, 건강, 달리기, 삶과 죽음 등 다양하다. **나의 5분 루틴이 나를 변화하게 했다.**

이번 소재는 일상의 작은 변화, 5분 루틴의 경이로움의 내용이다. 그러한 습관으로 희망과 성공을 나의 것으로 만든다는 것이다. 나만의 기준, 유일한(only one)이다. 그 희망과 성공도 역시 나만의 가치 기준에 의한 것이다. 그러한 것이 이러한 작은 습관의 변화로 가능하다는 것이다.

출처: 그림작가 이범섭

희망을 키우는 첫걸음, 건강한 몸 만들기

그렇다면, 유일한(only one) 나를 위한 도전은 어떻게 할 수 있을까? 필자는 지난 4년 반 동안 도전을 해왔다. 새벽기상과 독서, 글쓰기, 걷기와 운동을 했다. 나의 경험을 비추어 보니, 우선 그를 추진하는 기초 체력, 정신력 등이 필요했다.

왜 잠도 못 자고
속도 불편할까?

식사법

필자는 매일 아침 달걀 2개, 오이와 사과 각 반쪽, 당근 1/4개, 바나나 1개를 먹는다. 출장 때를 제외하고 동일하다. 가끔 그중 한 개가 없으면, 저녁에 근처 마트에 사러 간다. 감사하게 아내가 나의 루틴을 알고 주로 챙겨준다. 탄수화물을 삼시 세 끼 먹을 때보다 속이 편하다. 배도 안 고프다. 몸이 가볍다. 점심은 제대로 먹는다. 집에서 혹은 회사에서 밥, 반찬 등 충분한 영양분을 취한다. 아침과 점심시간에 몸을 최대한 움직인다. 오전부터 점심까지 약 4,000~5,000보를 움직인다. 회사에서도 가능하면 1시간마다 스트레칭을 한다. 물도 마시곤 한다. 어쩌다 2시간 앉아 있는 회의라도 다녀오면, 몸이 뻐근하다. 저녁은 6시 반경에 양의 2/3 수준으로 먹는다. 최대한 위의 부담을 덜어준다. 식사 후에 최소 1,000보 정도라도 움직이려 한다. 운동이 아니면 집의 애완견 '봄이' 산책을 시킨다.

5살 애완견(봄이)

혹은 분리수거라도 하며 아내의 일을 덜어준다. 러너, 내과·소화과 의사들의 책을 보고 1~2년 전부터 식단을 바꾼 것이다. 고기도 많이 먹지 않고 조절한다. 튀긴 것, 소고기, 소화가 어려운 음식은 최대한 줄인다. 코로나 이후에 많이 바뀐 회식문화, 고객 접대문화도 도움이 된다. 무리한 회식, 석식 자리가 줄었기 때문이다.

숙면

필자는 아침 5시 전후에 자연스레 일어나서 다소 바쁜 일정으로 몸을 움직인다. 아침에는 독서와 글쓰기를 한다. 낮에는 업무에 집중한다. 그리고 틈나는 대로 무엇보다 움직이고 운동하는 것에 집중한다. 그러고 나면 매우 피곤한 몸이 된다. 저녁 10시 정도가 되면 꽤나 자고 싶은 상태가 된다. 그도 그럴 것이 새벽 5시 전후 자동으로 매일 깬다. 아침에 2시간 정도 독서, 글쓰기를 한다. 점심까지 약 5,000보를 걷는다. 오후와 저녁에 또 움직인다. 낮 시간에는 뭔가 꾸준하게 집중하고 쉬기를 반복한다. 무엇보다 '내 삶은 내가 이끈다.' '나는 오늘만 산다.'라는 마음을 갖는다.

죽음 앞까지 경험했던 혹자의 조언이 있다. 가짜의 나로 살면 뭔가 불편하다는 것이다. 진짜의 나로 살라는 것이다. 공감이 된 후에 그리 살고 있다. 불과 100년 전 평균 수명은 45세 전후였다고 한다. 1960년대 남성 평균 수명은 51세였다는 통계도 보았다. 이제는 진짜의 나로 살려고 한다.

오후에는 회사에서 해외 고객사 발굴, 마케팅 업무를 보곤 한다. 시차를 고려해서 아침이나 저녁에 미국, 유럽의 업체들과 연락하고 있다. WhatsApp 협의, 화상회의를 했다. LinkedIn이나 이메일 연락을 하기도 했다. 전화 통화를 한 적도 있다. 해외에서 석사학위를 마쳤다. 동기들과의 대화방이 온라인에 있다. 스티브 잡스가 준 메시지가 늘 남아있다. "Connecting the Dots."(점들은 연결한다), "Think Different."(다르게 생각하라), 복잡함을 단순화하는 것이다. 창조적이어야 한다. 거기에 필자는 덧붙인다. '나'다워야 한다. 한정된 에너지를 낮 시간에 집중해서 그렇게 사용한다. 그 때문에 밤 10시 즈음이 되면 나는 매일 극도로 피곤하다. 잠에 푹 빠져든다.

움직이기

초등학교 4학년까지, 운동회 달리기에서 상을 탄 적이 한 번도 없다. 친구 'H'가 기억난다. 키는 나와 비슷했다. 그는 매번 달리기 1~2등을 했다. 보통 6명이 뛰면, 난 5~6등을 했다. 나보다 늦는 친구는 정말 느린 것이다. 그래도 한 명 정도는 나보다 달리기가 뒤처졌다.

초등학교 5학년이 되니, 난 동년배보다 키가 여전히 작았다. 자존심이 상하지만 1~2년 후배들과 신장이 비슷했던 것 같다. 동네 아주머니 한 분이 나만 만나면 "아빠와 똑같이 생겼네, 근데 엄마 젖 좀 더 먹고 와라." 하고 말씀하곤 했다. 같은 동네에 두 살 더 많은 종민이 형의 어머니였다. 그분은 나를 귀여워하셨다. 그래서 애정으로 매번 그리 말씀하신 것 같다. 그런데 당사자인 나는 그 이야기를 들으면 얼굴이 후끈거렸다. 얼마나 창피했는지 모른다. 입맛도 없었다. 먹는 것에 큰 관심도 없다. 군것질도 별로 못 했다. 다행히 4학년부터 축구공이 좋아졌다. 방과 후 4km 떨어진 집에 오면 강아지와 토끼가 있다. 소도 있었다. 그들과 인사하고 먹이를 주곤 했다.

어릴 때의 행동이 반복 루틴을 통한 실력 향상이었음을 알게 된 경우가 있다. 나는 방과 후 동네에 축구공을 가지고 가곤 했다. 골키퍼도 잘 보고 운동신경이 좋은 동갑내기 친구인 J와 축구공으로 놀기도 했다. 가끔 학교에 남아서 축구도 했다. 어떤 날은 동네에서 마땅히 놀 친구가 없는 날도 있었다. 아마 시내 오락실에 갔거나 아직 안 왔을 것이다.

근처 이웃에 축구부 출신 1년 선배인 형이 있었다. 드리블이 뛰어났다. 학교 같은 반에는 축구 잘하는 친구 S도 있었다. 축구공으로 드리블, 트래핑, 저글링(Juggling)과 슈팅을 잘했다. 그것을 보고 난 후 나도 연습했다. 혼자서 축구공으로 그 형처럼 상상하면서 패스, 슈팅, 볼 다루기 연습을 한 것이다. 벽에 공을 차고 튕겨 나오는 것을 받는 연습도 했다. 세게 차면 세게 온다. 방향을 측면으로 하면, 반대로 공이 튄다. 그것을 세우지 않고 다시 차는 것도 해봤다. 수백 번 이상 자주 한 것으로 기억한다. 왼발 오른발 번갈아 연습하니 어느 순간 공과 친해졌다. 착 달라붙는다고 할까?

그다음은 그 흔한 군대 축구 이야기다. 내 패스가 아주 정확하고 빨랐다. 땅볼로 뛰어가는 동료, 공격수 위치로 넘기는 공이 공격포인트를 올려줬다. 드리블도 그 당시에는 두세 명은 가볍게 제쳤었다. 공 회전, 흐름을 알고 방향을 바꾸는 데 능했다. 어린 시절의 학습을 몸이 기억하고 연습으로 익숙해졌기 때문이다. 물론 상대 선수들이 프로가 아니라 평범하였기에 가능했던 것이다.

이런 나의 습관이 필자가 지금 이야기하는 '작은 도전, 5분 습관의 루틴'과 연결된다. 이후에 필자는 나름 축구공과 친숙해지고 있었다. 기초 체력이 나아졌다. 매사에 자신감도 붙었다. 5, 6학년부터는 학급별 축구 경기에 출전하기도 했다. 발은 빠르지 않았다. 다만 볼 소유(keeping), 패스는 괜찮았다. 축구를 하면서 하체운동도 되었다. 4km 거리의 학교를 걷거나 자전거를 타고 다니니 운동도 된 것 같다.

마침내 초등학교 6학년 때 역사적인 일이 벌어졌다. 어머니, 셋째 누이가 학교 운동회에 오신 날이었다. 내가 처음으로 달리기에서 3등 수상을 한 것이다. 원래 2, 3등을 하던 친구 중 한 명이 도중에 넘어진 것이다. 한 명은 어찌 된 일인지 내가 속도로 추월했다. 6년 동안 달리기 입상은 최초였다. 아버지는 매번 가축을 돌보신다고 못 오셨다. 어머니가 운동회에 혼자 오시곤 했었다. 3~5학년 동안 항상 5~6등을 하던 나였다. 3등을 한 역사적인 날, 나는 공책과 상장을 자랑스럽게 집에 가져갔다.

상암올림픽 경기장 – 축구 경기 관람

중학교, 고교 시절, 특히 21~23세 군대 시절 난 축구 경기마다 11명 선수 안에 들었다. 연습 경기마다 패스, 드리블, 볼 키핑(Ball keeping)으로 선출된 것이다. 초등·중학교 시절, 혼자 축구공으로 연습한 시간이 꽤나 많았던 것 같다. 축구 시합도 누적으로는 많이 뛰었다.

군대 시절에 강원도 화천에서 육군으로 근무했다. 소대에 키가 180cm 넘는 축구 선수 출신이 있었다. 헤딩, 슈팅, 트래핑을 보니 수준이 달랐다. 그 선수를 제외하면 나는 쓸 만한 축에 속했다. 달리기도 점점 빨라졌다. 나중에는 중간 이상 빠른 편이 되었다.

지금은 더 이상 축구를 하지 않는다. 2021년에 조기축구에 나갔다가 허리를 삐끗했다. 며칠간 침을 맞았다. 40대 후반에 20대 체대 선수, 택시기사 조기 축구팀에서 경기를 했었다. 승부가 과열되니 살살 뛰라던 분들이 나에게 다그쳤다. 그런 상황에서 무리를 하니 허리에 문제가 생긴 것이다. 그 이후로 축구는 멈추었다.

그 대신 지금은 매일 아침 점심에 걷기, 햇볕 쬐기, 달리기를 한다. 주말에는 맨발 흙길 걷기를 하기도 한다. 달리기 할 때 듣는 음악, 걷기 때 듣는 오디오북이 있다. 달리기를 5분으로 시작했다. 지금은 그보다 더 뛰어도 괜찮다. 걷고 뛰고 반복한다. 회사, 외부 방문, 주차장에서는 웬만하면 계단으로 다닌다. 허벅지가 뻑뻑해지는 느낌이 들 때까지 걸으면 기분이 좋아진다.

　일주일에 3번 정도는 복싱 연습을 하기도 한다. 아들과 5개월 전에 시작했다. 혼자 적응하기 낯설 듯해서 같이 등록했다. 막상 다니니 정신적으로도 도움이 된다. 학생, 직장인들이 땀을 흘리며 스트레스를 건전하게 풀 수 있다.

　스파링을 해보니 아이가 몇 달간 제법 늘었다. 방심하면 금세 내 안면을 공격한다. 50대가 되어 전보다 활력이 줄곤 했는데 긴장이 되는 운동을 하면서 생기가 돈다. 줄넘기는 15분 이상 하니 땀도 나고 좋다. 샌드백을 치니 나쁘지 않다. 비록 몇 가지 기술만 배웠지만, 연습하니 괜찮다.

　과거에 도서관 앞 주차장에서 있을 때였다. 아무도 없는 컴컴한 곳에서 새도(shadow) 복서가 연습하는 것을 보았다. 지금 기억을 되돌려 보니, 적어도 몇 년 이상 수련한 복서 같았다. 동작이 간결하고 스텝이 뛰어났다. 아무도 없는 줄 알고 혼자 연습하는 것인데, 아주 멋이 있었다. 빠르고 절제된 잽과 스트레이트 구성이 있었다. 약 10분간 지속되었다. 체력도 대단한 것이다. 차마 그분의 리듬을 깨고 싶지 않아서 시동을 못 걸고 기다렸었다. 내가 배우고 실제 해보니 잘 알겠다. 앞으로도 꾸준히 수련하면, 필자도 아마 나중에 그리할 수 있을 것이다. 1~2년 후에는, 혹은 그보다 더 빨리 그분처럼 새도 복싱을 10분 동안 멋지게 하는 것이 가능해질 것이다. 그것을 꿈꿔본다.

지금보다 체력을 더 키워야 한다. 피하고 뻗는 움직임을 빠르고 다양하게 개선해야 한다. 복싱 기술과 발 스텝을 향상해야 한다. 상상력과 창조력으로 나의 10분 동안 움직임을 꿈꾸고 키우면 될 것이다. 과연 해낼까? 버킷리스트에 넣어보는 것이다. 즐거운 상상이다.

『상처와 불안 이렇게 극복해!』를 25년 1월 출간했다. 출간 후 홍보하느라 몇 주간 체육관에 가지 못했다. 다시 꾸준히 운동하러 다니려 한다. 복싱에 자녀가 취미를 많이 붙였다고, 감각이 있다고 복싱 코치가 이야기해 준다. 상투적인 칭찬이라 여기지만, 기분은 좋다.

소화 활동에 대한 세 가지 규칙

내가 먹고 불편했거나 소화를 못 한 음식이 있을 수 있다. 나와 맞지 않는 음식이다. 화가 나거나 억울할 때, 감정을 그대로 갖고 잠을 자면 안 좋다는 것은 알려진 내용이다. 신비하게도 우리 감정이, 몸의 오장육부에 영향을 미친다는 것이다. 차라리 위를 비우는 것이 낫다. 운동선수들이 경기 전에 위와 장을 비우려 하는 이유도 통한다.

규칙적인 식사를 한다. 그리고 가능한 한 간식은 먹지 않는다. 유산소 운동, 근력운동이 필요하다. 우리는 소화가 잘 되는지, 피로를 어느 정도 느끼는지에 따라서 스스로의 건강을 알게 된다. 몸과 마음이 보내는 신호를 잘 감지하면 된다. 무엇보다 직장생활을 하는 필자 역시 느낀다. 마음건강이 먼저이다. 즉 정신적 건강이 바로 몸의 건강에 연결된다. 그런 점에서 마음고생할 일이 생기면 잠시 쉬어야 한다.

누구나 자신만이 민감한 부분이 있음을 안다. 필자는 청각이 다소 예민하다. 큰 소리로 다투는 장소에 있기 어렵다. 사춘기 시절, 아버지가 약주 드시고 와서 어머니와의 대화 상황도 영향을 미친 듯하다. 트라우마 같은 것이 일부 남아있다고 본다. 그래서 고성 싸움의 현장을 가능한 한 피한다. 외국어 공부를 테이프나 듣기로 많이 한 것도 일부 영향이 있을 것이다. 영어, 일본어, 중국어, 아랍어 등을 많이 들었었다. 중국어는 중간에 더 진행을 못 했다. 외국어 듣기를 하면서 귀가 더 발달했다고 추정한다.

필자는 약자에 약한 점도 좀 있다. 측은지심이다. 어머니나 노인의 이슈에 약하다. 자립심에 좀 민감하다. 부모 의존적인 성향을 좋지 않게 여기는 경향이 있다. 가끔 경직된다. 그럴 필요가 없는데 말이다. 도움을 받는 것을 다소 어려워한다. 나름 민감하다. 가능한 한 사양하는 경향이 강하다. 건강한 것이라고 생각한다. 다만 항상 좋은 것만은 아닌 것 같다. 부드럽게 대응하는 게 성숙할 때도 있을 것이다. 이기적인 것에 민감한 면이 있다. 반면에 음식에 둔감하다. 큰 불만이 없다. 직업, 보이는 것을 꼭 그리 따지지 않을 만큼 둔감

하다. 사람이 높고 낮음이 없다고 여긴다. 그러므로 격식을
너무 차리는 것에 불편하다.

인도, 아랍 국가 출장 때 현지 누추한 복장의 사람들과 대
화하곤 한다. 동료나 외국인 친구가 굳이 왜 그러는가 하는
몸짓이나 눈빛으로 나를 본 적도 있다. 필자는 그 사람 상황
이 그리되었고, 처음부터 사람이 높고 낮음이 없는데 누구나
어려움에 빠질 수도 있기에 문제가 없다는 생각이었다. 스스
로 시골 출신인 데다 평범했기에 더 그랬나 보다.

나중에 큰 회사 지점장을 했을 때이다. 기사도 있고 별도
사무실 공간도 있었다. 좋은 차를 타고 다녔다. 양복을 입었
다. 해외의 전자 샵(shop)을 방문하면 사장들이 반갑게 맞는
다. 티 보이(tea boy)를 통해서 차를 내주기도 한다. 나는 항상
그들에게 고맙다고 얼굴 보고 감사 표시를 했다. 그들에게는
주인이 시키는 아주 일상적인 일이지만, 나는 늘 고맙다고
했다. 작은 선물이라도 가져가면, 나눠 주기도 했다.

해외 딜러 샵 방문 (2007~2011년)

72

사람은 다 평등하다는 생각 때문이었다. 일부 상점 오너들은 그것을 좋게 여기기도 했다. 사람을 존중하므로 비즈니스에서 뒤통수를 치지는 않는다고 믿기도 했다. 그런 의도로 한 행동은 아니지만, 듣고 보니 그 말도 이해가 갔다. 이미 15여 년 지난 일이다. 인문학, 철학과 비즈니스는 연결이 되는 것이었다.

이처럼 누구나 각자의 취향, 민감하고 둔감한 부분이 있다. 그것을 시기적절하게 잘 피해 나가면 된다. 나의 특성에 맞게 잘 피하거나, 헤쳐 나가는 것이다. 나의 마음을 바라본다. 좋은 습관으로 나를 채워가는 것이다. 내가 스트레스를 받는 지점을 알아야 한다. 그것을 이해하고 대응 방법을 찾는 것이다. 우리의 한정된 시간, 기회의 삶을 좋은 것으로 채워가야 한다.

소화시키기

"가장 좋은 아침 식사는 아침 공기와 긴 산책이다."

– 헨리 데이비드 소로의 『월든』

필자는 약 1년 전부터 아침에 채식 위주의 식단을 유지한다. 그리고 뇌에 좋다는 씹는 활동을 한다. 소화와 장의 건강에 관한 책들을 읽다 보니, 그게 나와 맞다는 생각이 들어서 시작했다. 이러한 일련의 먹기 활동은 소화와 연결된다. 식단 변경 이후 속이 대부분 편하다. 체중이 늘지 않으니 몸도 가볍다.

장과 정신(스트레스), 먹기는 모두 연결되어 있다. 식단뿐 아니라 마인드 컨트롤이 중요한 이유이다. 장은 소화, 흡수와 면역력에 중요하다. 또한 배설과도 관련이 있다. 장은 뇌와 연결이 되어 있다. 과식을 통해서 비만, 결국 내장지방 축적이 문제가 되기도 한다. 육식처럼 서구화된 식습관도 문제가 된다. 튀긴 음식의 트랜스 지방도 좋지 않다. 식습관에 따라서 대장암의 원인이 되기도 한다. 장의 건강이 직접적으로 뇌의 건강에 영향을 미친다고 알려진다. 결국 속이 편하고 비만을 피하려면, 채식이 추천되기도 한다. 희망과 행복 호르몬인 세로토닌이 90% 이상 장에서 생성된다는 것은 장의 중요성을 말해 주는 것이다. 흔히 뇌에서 만들어진다고 잘못 알려지기도 한 것이다. 이처럼 장의 건강은 중요하다.

의사들이 권하는 밥상 중 하나가 현미밥과 채식이다. 또한 과거 레오나르도 다빈치가 즐겨했다는 숲 산책도 건강에 좋다. 장수마을 이야기에 늘 숲, 산속 이야기가 나온다. 숲속에 사는 노인들이 장수하는 이유이다. 텃밭 가꾸기나 전원생활이 정서에도 도움이 된다. 의사들은 고혈압도 증상으로 보고 관리하라고 조언하기도 한다. 간 건강을 위하고 체중, 소화기관을 고려하여 술, 육식을 안 하는 사람들도 있다. 애플의 스티브 잡스도 생전에 채식을 했다.

체질과 상황에 따라 다를 수 있다. 공통적으로는 뇌세포를 계속 자극해서 건강한 뇌 상태를 유지함이 좋다. 그것이 뇌졸중 회복에도 도움이 된다. 이것을 알고 나서, 필자도 채식을 할 때 더 즐기게 되었다. 생선을 포함한 식사나 기타 육식도 가끔 한다. 그럼에도 채식을 보는 관점이 달라졌다. 단체생활을 할 때, "오늘도 또 풀이네. 우리가 염소, 토끼인가." 말하던 과거의 어느 동료가 생각난다. 그때는 그분 의견이 맞는 줄 알았다. 이제는 고기가 흔하다. 어쩌면 건강하고 균형된 채식이 육식보다 나을 수도 있는 것이다. 나의 생각도 일부 전문 서적을 통해서 이해한 식단을 참조했다. 몸에 맞는 편한 소화로 바뀌었다. 과일, 채소는 알칼리성 식품이다. 가공식품과 고기는 산성 식품이다. 레몬이 산도를 완화하는 해독제다. 그 점을 알고 식사할 때 참조하면 좋다. 입냄새와 몸 냄새가 가공식품과 고기에서 발생한다는 것도 알려져 있다.

왜 체력은 좀처럼
나아지지 않을까?

걷고 뛰기

우리 인간은 아기로 태어난 후 걷기까지 수천 번 넘어지고 다시 일어난다. 자연 속에서 쉼의 시간을 갖는 것이 좋다. 삶에서 서두를 필요가 없다. 때때로 쉼과 회복의 타이밍을 갖는 것이 지혜로운 것이다. 계속해서 가속 페달을 밟을 수는 없다. 가끔은 액셀러레이터에서 발을 떼고 쉬어야 한다. 긴장과 추진 이후에 이완의 시간은 필수적이다. 아무리 속도를 낼 수 있는 기계라고 해도 동일하다.

필자도 걷는 것을 좋아한다. 산과 자연을 참 좋아한다. 그럼에도 체력은 보통이다. 일만 보, 혹은 일만 오천 보 걷고 몸을 많이 움직인 날은 저녁이 되면 힘들기도 하다. 아침과 저녁에 몇 시간 독서하는 것도 일상이다. 바쁘게 지낸다. 밤 10시가 되면 집중해서 뭘 하기가 어려운 체력이 되기도 한다. 그럴 때는 바로 잠자리에 들기도 한다.

장(stomach), 스트레스와 이완을 통한 회복의 조화는 중요하다. 특히 자신의 한계를 초과하고 번아웃(Burnout)이 온 경우도 해당된다. 시간 속에서 최대한 집중, 생산성을 높인다. 그리고 휴식을 적절하게 취함이 지혜롭다. 오히려 중·장기적이 효율적인 방법이다. 신속한 행동 후에 쉬거나 빠지는 것도 방법이다. 최고의 집중, 효과를 위해서는 휴식이 완전무결해야 한다. 꼭 보장되어야 한다.

　중국이나 동남아 회사 중에서 오침(午寢)을 시행하는 것을 출장 중에 필자도 몇 번 보았다. 중국 출장 때 선두의 배터리 회사를 방문한 적이 있다. 미팅을 하고 사내 식당에서 점심을 먹었다. 점심 메뉴가 다양하고 유럽, 미국인으로 보이는 직원과 손님이 섞여 있었다. 식당도 깔끔했다. 국제화 시대의 무한경쟁 속에 살고 있는 것이었다. 그들은 식후에 역시 사무실의 불을 껐다. 많은 이들이 아예 오침을 하고 있었다.

　베트남 호찌민 출장 때에도 점심식사 후에 이불을 깔고 자는 현지인들을 보고 놀랐다. 그 나라의 더운 기후의 실정에 맞게, 업무 효율 향상에 오침이 도움이 된다는 것이다. 중간에 잠을 자면, 업무 효율이 약 35% 전후로 개선된다는 보고서를 필자도 본 적이 있다. 또한 레오나르도 다빈치가 잠이 부족할 때, 4시간마다 15분씩 잤다는 것도 하나의 좋은 예시 같다. 중간에 쉬어 주면 우리 몸은 일에 대한 집중도, 효율이 개선되는 것이다.

필자도 스스로 현재의 습관과 환경의 개선을 위해 노력하곤 한다. 긴장과 스트레스를 줄이려면 나의 환경, 업무에서 발생하는 그 원인을 찾아야 하기 때문이다. 그것을 알면, 어떻게 줄일지 혹은 피할 수 있을지 방법을 계속 찾게 된다.

우리나라의 장수 마을을 살펴보면 거창, 곡성, 보성, 영광, 순천, 예천 등이다. 거주하는 노인들은 끓는 물에 채소를 데쳐서 나물로 먹는다. 유해물질을 제거하고 소화도 개선시킨다고 알려져 있다.

의사들의 조언대로, 혈당 관리를 위해서도 식후에 걷는 것이 도움이 된다. 걷는 시간이 지나면서 혈당 농도가 급격하게 감소하기 때문이다. 알려진 대로 햇볕을 쐬면 비타민D를 따로 복용하지 않아도 된다. 식사 후 10분, 15분만 걸으면서 햇볕에 노출되어도 도움이 된다고 알고 있다. 비타민C와 D는 과일과 채소 및 햇볕을 통해 얻을 수 있으니 챙기면 되는 것이다.

치매 환자들에게 손을 계속 쓰게 한다. 80대 초반인 어머니 댁에 가면 글쓰기, 그리기의 노트가 있다. 노인대학, 문화센터에서 하신 활동이다. 노인들의 치매 예방을 위해서도 글을 쓰고, 그림을 주기적으로 그리기도 하는 것이다. 우리는 손과 눈, 몸과 감각을 통해서 여러 가지 기술을 배운다. 움직임과 운동을 해서 신체도 계속 사용한다. 그 기능을 유지, 향상해 나가는 것이다.

왜 나만의 한계에 갇히고 몸이 아플까?

"불영과불행(不盈科不行)", 즉 "물이 흐르다 웅덩이를 만나면 그 웅덩이를 다 채운 다음에 비로소 앞으로 나아간다."

"모든 실패와 상처는 인생의 약이 된다. 실패하거나 상처받는 것을 두려워하지 마라."

– 맹자(孟子)

스포츠 분야에 자신과의 싸움에서 승리한 이들이 있다. 그들에게는 상상하는 것 이상의 노력, 반복과 도전, 실패가 있었다. 눈물과 고통을 이겨낸 시간이 있었다. 그리고 작은 도전의 실행과 지속 반복이 있었다. 꿈과 비전 위에서 그렇게 실행한 것이다. 이러한 대단한 스타, 성공자들의 시작은 작은 것이었다.

김연아 선수

그녀는 7살에 스케이팅을 시작했다고 한다. 아이스 링크

일반 개장이 대부분 아침 10시에서 저녁 8시까지이다. 훈련을 그 이전, 혹은 그 이후 해야 한다. 거기에 피겨팀 외에 쇼트트랙팀도 있었다. 아이스 링크의 사용이 겹치면 연습을 못할 수 있다. 또한 경기장과 빙질이 유사한 롯데 아이스 링크를 선호하는데 여의치 않을 때도 있다. 즉 연습환경을 매일 확보함이 불확실하다. 이러한 험난한 상황에서 날마다 연습을 한 것이다.

필자의 셋째 누이가 군포, 산본 쪽 수리산 근처에 오래 사셨다. 김 선수의 어릴 적 고향이 근처인 것으로 안다. 성실함에 대해서 과거 오래전부터 전해 들은 기억이 있다. 전날 연습이 밤늦게 끝나서 피곤해도, 아이스 링크가 다음 날은 아침에만 사용 가능한 경우도 있다. 그러면 피로와 잠을 견디고 아침에 가는 것이다.

초등학생 나이의 선수에게 이것이 얼마나 힘든 일일까? 추위와 싸워야 한다. 14살에 그녀는 국가대표가 되었다. 연습, 훈련과 자기와의 싸움을 이겨낸 것이다. 2007년까지 경기에서 선전했다. 중국, 러시아 그랑프리 대회 금메달을 차지한 것이다.

누구에게나 고난과 시련의 시간이 온다. 2008년 스웨덴 예테보리 경기 전날 몸의 통증을 느낀다. 좌절과 실망을 느꼈다고 한다. **다시 마음을 다잡고 꾸준한 반복 연습, 마인드 컨트롤, 자기 한계와의 싸움을 한 것이다.** 결국 그녀는 그랑프리 파이널 대회 우승, 4대륙 선수권대회 우승(2009), 세계선수권 우승(2009)으로 월드 챔피언, 피겨의 전설이 되었다. 긴 시간 동안 숱한 부상, 마음고생, 포기하고 싶은 순간을 버터낸 것이다. **"이 또한 지나가리라."**를 외쳤다고 한다. 참 대단하다는 생각이 든다.

필자는 1994년 초 강원도 화천에서 40km 행군 중에 차를 타고 복귀한 적이 있다. 야간 행군 때였다. 훈련하는 누구나 그렇듯 온몸이 땀으로 덮였다. 그리고 M60 부사수를 하다 보니 10kg이 넘는 총을 번갈아 가면서 메곤 했다. 소총보다 몇 kg이 더 무겁다. 땀이 많이 나서 양쪽 허벅지가 군복에 쓸려서 피가 나는 것처럼 빨갛게 부어올랐다. 행군과 훈련하는 군인들은 누구나 경험한 것이다. 그때 필자는 첫 유격 훈련이었다. 무엇보다 체력이 달렸다. 참고 걸으려고 버텼다. 그럼에도 약 2/3 지점에 왔을 때 다리가 움직이지 않았다. 넓적다리가 쓰라렸다. 10분 휴식 때 보니 과장을 좀 보태면 허벅지에서 피가 날 것처럼 붉게 변해 있었다. 땀에 찌든 군복이 바닷물에 담갔다 꺼낸 것처럼 소금기가 가득했다. 군복은 허옇게 변했다. 그 부분이 걸을 때마다 허벅지에 쏠려서 안쪽이 붉게 된 것이다. 군장은 고참이 좀 가볍게 짐을 덜어주기도 했다. 그럼에도 10kg 이상의 기관총은 부담이었다. 결국 보병의 행군에서 이탈될 체력 상황이 되었다. 그래서 2년여의 군대 훈련 중 단 한 번, 맨 처음 훈련에서 중도 포기한 경험이 있다. 필자와 비슷한 상황의 몇 명이 군용트럭을 타고 복귀했었다. 그 당시에는 부끄러운 마음도 있었다. '무조건 버티고 죽더라도 행군해서 와야 했다.'라고 자책하기도 했다. 고참이 잔소리를 하기도 했다.

그 이후 개인적으로 체력 훈련을 더 열심히 한 긍정적인 계기가 되었다. 역기, 아령, 팔 굽혀 펴기, 달리기, 태권도를 더 열심히 했다. 자기 전에 관물대 앞에서 꼭 푸시업을 하고 잤다. 그 이후 단 한 번도 낙오하지 않았다. 한 번의 경험도 이렇게 강렬하게 기억이 난다. 즉 실패와 시행착오가 자극제이자 소중한 경험이 된 것이다.

김연아 선수는 그 긴 시간을 매일 연습한 것이다. 매번 기다리고 힘겨운 시절을 어떻게 버텼을까? 아이스 링크를 찾아다니고, 사람들이 몰리고, 사진 찍고 이런 환경에서 연습해야 했다. 얼마나 신경이 쓰였을까? 몸이 아프고 경쟁이 심하여 마음도 편하지 않았을 것이다. 마음을 어떻게 다 추슬렀을까? 최고의 자리에서 얼마나 외롭고, 힘겨웠을까?

손흥민 선수

그는 자기 객관화가 우수해 보인다. 팬들에게, 또한 선수들에게도 매너가 좋다. 팀 내 분위기 메이커이다. 실력자이지만 겸손한 축구 선수로 여겨진다. 프리미어리그 진출, 득점왕, 토트넘 주장 등 굵직한 기사가 넘친다. 나는 과거부터 가끔 그의 하이라이트 영상을 기분 전환용으로 보곤 했다. 다양한 골 장면을 늘 보는 것이다. 스스로 처질 때 봤다. 그러면 활력이 생긴다. 도전의 기운이 생겨난다. 몸이 들썩거린다. 치열한 경쟁에서 적응하는 그를 보면서 대리만족과 자극을 받는다. 나의 또 다른 도전이 훨씬 쉬워진다. 한국의 자랑거리이다. 과거 다니던 전자회사에서 그를 후원하기도 했다. 뿌듯했다. 토트넘 라이벌 아스널에서 입단 후 방출되었던 케인과도 호흡을 잘 맞추었다. 상대와 조합을 맞추고, 원톱 공격수 케인을 조력하는 모습이 인상적이었다.

그는 축구 선수였던 아버지와 어린 시절부터 매일 운동장에서 연습했다. 눈이 오건, 비가 오건 말이다. 눈을 녹이고자 운동장에 새벽부터 나와서 염화칼슘을 뿌렸다는 아버지의 교육과 정성도 인상적이다. 왼발, 오른발 번갈아 가면서 볼 트래핑을 했다. 몇 바퀴씩 운동장을 돌면서 훈련했다. 실수하면 다시 완벽할 때까지 연습했다고 한다. 양발 슈팅, 드리블 연습도 철저했다. 일정 나이까지 일부러 공식 경기에도 출전시키지 않았다. 기본기 훈련만 충실히 시켰다는 것은 알려진 바이다.

타인을 배려하는 마음, 스포츠 정신, 인간 존중이 그에게 엿보인다. 치열한 경쟁 속의 프로 세계에서 자기 관리에 집중하고 있다. 포기하고 멈추고 싶은 시간이 얼마나 많았을까? 오늘은 쉬고 싶은 순간이 꽤 많았을 것이다. 10대, 20대 시절부터 운동에만 거의 전념한 듯 보인다. **때때로 찾아오는 부상과 패배로 인한 마음고생을 견디고 극복한 것이다.** 자신의 한계를 넘어서고 피나는 연습을 했다. 좌우측 발을 자유롭게 사용한다. 빠른 돌파력, 뛰어난 조직 융화, 리더십도 있다. 비난과 질책의 시간도 끝까지 버텨낸다. 동양인의 신체적 한계, 승부 세계의 스트레스, 팀 내 성적과 역할의 어려움을 다 극복하고 조정한다. 자신을 이겨 나간다.

박찬호 선수

그는 독서를 좋아한다. 학창 시절부터, 특히 고교 시절부터는 매일 일기를 썼다. 공주고 시절 3학년 투수 선배의 새벽 운동, 성실함에 영향을 받았다. 등교 전에 달리기를 했다. **학교 훈련 후에는 혼자서 매일 1천 번의 스윙을 했다.**

그에게 힘든 시간이 있었다. 필자는 그와 동년배이다. 내가 군대에 있을 때 그는 이미 미국에 있었다. 1994년 4월에 마이너리그로 간다. 오마다라는 왼손투수가 나타나면서 고통이 시작되었다. **그로서는 절벽 끝까지 가본 느낌일 것이다.**

마치 필자가 1993년 말 군대 훈련에서 느낀 감정과 비슷할 것 같다. 강원도 화천 산을 뛰고 걷고 3일간의 혹한기 훈련 기간이었다. 체력이 달려서 못 견딜 지경이었다. 영하 10도 전후 날씨에 몸도 힘들어서 3일간 잠도 거의 못 잤다. 무거운 군장과 기관총을 얹고 화천 사방거리 근처의 산을 올랐

다. 절벽이 보였는데 확 떨어질 것만 같았다. 이와 비슷한 느
낌일까? 나의 군대 시절에, 박 선수는 마이너리그 추락을 경
험한 것이다. 잘나가다 떨어지는 느낌 말이다. 고통과 실패
의 감정을 깊이 가졌을 때이다. 그럼에도 그는 좌절의 시간
을 전환시켰다. 큰 성장의 기회가 된 것이다. 인생의 업다운
(up-down), 굴곡을 경험했다. 더 초연해지고 단단해졌다.

박 선수는 그 이후도 꾸준하게 훈련, 연습을 지속했다. 오
히려 더 열심히 목표를 향해 도전한 것이다. 다시 LA다저스
로 갔고 124승이라는 대기록을 남겼다. 자신의 체력, 정신
력, 인내의 한계를 극복한 것이다. 그가 힘들 때 웅진그룹 윤
석금 회장에게도 조언을 구한 것을 책에서 보았다. 이처럼
누군가에게 용기 있게 조언을 구하고 도움을 받는 것도 지혜
로운 것이다.

박세리 선수

그녀는 일단 마음만 먹으면 바로 실행하는 스타일이다. 초
등학교 때 골프채를 잡기 시작했다. 약 24년 동안 프로골퍼
였다. 1998년 IMF 때 US여자오픈 우승, 맥도널드 LPGA챔
피언십 우승을 했다. LPGA '올해의 신인상' 포함, 다수의 수
상을 했다.

나는 그녀를 서울 한 골프 행사에서 본 적이 있다. 그녀는
2016년 여자 골프 국가대표팀 감독을 맡고 올림픽에 참가했

다. 박 선수는 할 수 있는 것은 표현한다. 부족한 것은 인정하고 채워 나간다. 스스로 신뢰한다. 자신을 지킨다. 솔직하게 앞으로 나아가는 스타일이라고 한다. 스스로 원하고 느끼고 믿는 것을 찾는다. 앞으로 할 것, 자신의 목소리를 들으려한다. 자신에게 충실한 것이다. 그녀는 골프가 많이 알려지지 않았던 시절부터 선구자적으로 노력한 것이다. 동양인의 언어, 신체적 내용이나 기타 제약의 한계 극복한 것이다.

그녀는 뚜렷한 사고, 가치관, 자신만의 꿈을 가졌다. 2007년 아시아 선수 최초, 최연소 나이였다. LPGA 명예의 전당에 등록되었다. 자랑스러운 한국인이다. 필자는 그녀의 이름이나 모습을 보면, 희망을 갖고 도전하는 자랑스러운 분이라는 생각이 든다. 어려움 앞에서 양말을 벗고 공을 치던 모습이 도전, 극복, 고난 앞에서의 의연한 대응이라는 연상이 되곤 한다.

박지성 선수

그는 실패를 받아들이는 것에 대한 두려움이 없다고 한다. 실패하면 또다시 도전하면 된다는 사고방식을 가졌다. 나는 그를 2008년 요르단 한국 대사관 초청 저녁식사 자리에서 만났다. 대사관 초청 국가대표 축구팀 석식에 현지 기업체 주재원 자격으로 참석한 것이다. 석식 후에 그와 사진을 찍기도 했다. 이영표 선수, 김남일 선수도 짧게 인사를 나누고

국가대표 축구 선수 이영표, 김남일(요르단 한국대사관, 2008)

사진을 같이 찍었다.

　다른 대표선수들과 같이 만났었다. 그가 절제되고 성실하며 겸손한 사람으로 알고 있었다. 나이를 떠나서 성숙한 분이라 생각하고 즐겁게 둘이 나란히 사진을 찍었다. 미국 국적 기자였던 요르단 교민이었다. 그분 카메라로 사진을 남겼다. 그런데 그분이 몇 주간의 휴가 복귀 후 사진이 지워졌다며, 미안하다는 말에 실망했었다. 박지성 선수와 둘이 찍은 사진이 지워졌으니. 아쉬운 일이었다. 그래도 대사관과 같이 받은 박 선수의 친필 사인은 가지고 있다.

　맨체스터 유나이티드에서 '강심장', '두 개의 심장'으로 불렸던 그였다. 그는 실제 자신의 성격과 그 내용이 달라서 어색하다고 했다. 경기 초반의 흐름에서 감정적으로 영향도 받는다고 했다.

2008년 박지성 선수 사인, 한국 : 요르단 축구 경기(암만)

　수원의 한 초등학교에서 3학년 때 야구부에 들어가고자 했다. 키가 작아서 1년 후에 오라고 한 것이다. 그 후 이사로 다른 학교로 갔다. 아버지와 축구, 야구 경기를 자주 보러 다녔던 그였다. 전학 후 수원 산남초등학교 축구부에 들어갔다. 학창 시절 운동 후 늦은 하교가 일상이었다. 이에 아버지, 할아버지가 축구부 운동을 반대했다. 그럼에도 **어머니가 '자신이 하고 싶은 것을 하고 살라.'라는 뜻으로 지원을 해 주었다고 한다.** 아버지에게서 '축구를 끝까지 포기하지 않는다.'라는 조건으로 승낙을 받았다. 체구가 작아 여러모로 어려움을 겪었다.

　그는 2002년 월드컵 이후에 일본 교토 퍼플상가에서 선수 생활을 했다. 월드컵에서 인연이 된 히딩크 감독의 부름으로 유럽 네덜란드 에인트호번에 가게 된다. 그것이 2002년 12월이다. 그런데 그 당시 무릎 통증이 있었다. 월드컵 이후 J리그 이후 유럽 이적이 바로 된 것이다. 그 사이에 휴식 없이 월드컵 경기, J리그, 유럽 진출까지 강행한 것이다. 체력이 바닥나고 마음도 힘든 시절이었다.

2005년 5월 29일에 에이전트를 통해서 퍼거슨 맨유 감독의 연락을 받는다. 그는 그 전화 연락을 믿을 수 없었다고 한다. 자신이 꿈꾸던 최고의 구단으로부터의 요청이었기 때문이다. 그는 그 후 약 7년 동안 최고의 구단에서 선수로서 활동했다. J리그와 맨유에서 성실하고 항상 팀과 동료를 배려하는 사람으로 알려진 그이다. 무릎 통증을 말하지 않고 참고 월드컵 경기에 임했다고도 한다. 그 바로 전부터 통증이 있었다. 그렇지만 말하면 월드컵 출전 명단에서 빠질까 봐 걱정되었을 것이다.

크지 않은 신장, 동양적인 체격 등 제약과 한계를 극복했다. **피나는 노력과 열정, 실패하면 다시 해본다는 오뚝이 정신이 있었다.** 그는 성공하지 못해도, 다시 도전할 것이라 문제가 없다고 했다. 그의 그런 정신력과 실행력이 우상이 된 그를 만든 것이라 본다. 도전 정신, 꿈과 희망을 갖고 다시 시도하는 그의 모습이 늘 자랑스럽다.

오타니 쇼헤이 선수

일본인 운동선수 가운데 가장 유명한 선수 중 한 명이다. 야구 천재이다. 그는 종이책을 좋아한다. 독서가 취미이다. 책을 두세 번 이상 읽는다. 긍정의 단어, 희망의 표현을 쓴다. 경기 후 휴지, 담배꽁초, 공을 줍는다. 인사를 공손히 한다. 상대 선수의 흙을 털어주는 예의도 보인다. 메이저리그 MVP를 2차례 수상했다. 국가대항전 WBC 우승, MVP 상도 받았다. 뛰어난 투수이자 타자이다. 자신이 꿈꾸던 야구선수의 꿈을 달성했다.

고교 3학년 때 경기에 패한 후에 학교 야구장의 풀을 뽑았다고 한다. **그 역시 고통과 시련의 시기가 있었다. 고교 2학년 여름에서 3학년 봄 기간이다.** 그는 몸을 다쳐서 훈련을 못했다. 먹고 자고 쉬었다. 체중이 약 20kg 늘었다고 한다. **그 시간에 그는 타격 연습을 매일 했다. 타격 코어가 생겼다. 부상이 있어서 어려운 시간을 보낸 것이다. 그런데 그 시간이 전화위복의 기회가 되었다.** 코어 근육과 남보다 우월한 타격 능력도 만들어졌다. 즉 고통과 고난, 시련의 시간이 결국 그의 야구 실력에 큰 도움을 준 것이다.

부모님이 그를 교육할 때, 배운 점이 인상적이다. 스스로 생각하는 것, 하고 싶은 것을 즐겁게 하는 것이다. 자신의 고통과 시련의 시간을 훌륭하게 전환한 오타니 쇼헤이이다. 부상과 아픔의 시간을 극복하며 한계를 넘어섰다.

그 많은 해외경기를 각지로 떠나도 야구만 생각하고, 호텔 안에서만 식사하면서 외출을 나가지 않는다고 한다. 해외를 많이 다녀본 분들은 공감할 것이다. 새로운 곳에 가서 주변을 둘러보고 싶은 호기심도 들 만하다. 그럼에도 오타니 선수는 그 많은 해외원정 경기마다 호텔 안에만 머물렀다는 것이다. 그의 지극히 철저한 자기 관리가 참 인상적이다.

야구에 대한 사랑과 애정은 말할 나위가 없다. 쓰레기를 줍는 것이 희망을 줍는 것이라는 그의 생각과 실천도 인상적이다. 꿈과 희망에 도전하고 철저하게 자신을 관리함이 배울 만하다. 필자도 그의 행동 중에서 쓰레기 줍는 것을 가끔 따라서 실천하고 있다.

김연경 선수

'배구 여제' 별명으로 **원래 키가 작았다고 한다**. 중학교 3년간 후보선수로 벤치에 있었다. 그녀는 그럼에도 배구를 사랑했다. 키가 작아도 할 수 있는 포지션을 찾았다. 제대로 확실하게 해내기로 한다. 안정된 서브와 리시브 훈련을 거듭한다. 어린 시절부터 새벽부터 기상해서 운동장을 뛰었다. '공에 대한 감각'을 늘 키우고자 했다. 스스로 믿고 집중하면서 기적을 만들어 간 것이다.

중국과 터키, 한국에서 배구선수 생활을 이어갔다. 밝은 성격, 명랑한 그녀이다. 이처럼 자신의 신장 이슈, 육체적 한계를 극복했다. 기나긴 기다림과 인내의 시간 역시 근성으로 버텨냈다. 매너와 실력, 인성으로도 사랑받는다. **자신의 한계를 극복하고 이제는 후배 양성이나 배구계의 선배로 남을 그녀이다.**

필자가 봤을 때도, 그렇게 자신의 분야에 애정을 갖고 노력하는 것 자체가 대단하다고 본다. 긍정과 도전, 패기의 모습에 늘 감명을 받는다. 2025년 4월 그녀가 우승과 함께 배구 선수에서 은퇴한다는 소식을 접했다. 배구계에서 그녀의 새로운 역할과 활약을 기대해 본다.

황영조 선수

과거에 그가 마라톤 경기에서 우승하며 1위로 들어오는 장면을 TV에서 본 것이 필자 역시 기억으로 생생하다. 감동 그 자체였다. 그는 "마라톤은 죽음에서 시작된 운동이다."라고 말한다. 승전보를 알리러 40km를 달린 아테네 병사 페이디피데스는 "우리가 승리했다."라고 말하고 숨을 거둔다. 고통을 참고 통증을 참지 말라고 이야기한다.

인내의 시간을 참아내야 한다. 외로움과 고통을 견뎌야 한다. 온 국민을 설레게 했던 마라톤 영웅이다. 그는 지금도 후진 양성에 힘쓰는 것으로 안다.

마이클 조던

농구보다 축구를 좋아했던 필자이다. 그럼에도 늘 우상처럼 좋아하던 사람이 있었다. 그는 미국 NBA의 전설적인 농구 선수이다. 성공의 상징이기도 했다. 무엇보다 뛰어난 농구 실력자였다. 그의 경기를 보고, 입을 다물지 못한 적이 꽤나 있다. 많은 이들에게 농구의 꿈을 키우게 했다. 스포츠 광고에도 자주 나오던 그였다.

선수 시절 고속도로 강도의 차량 탈취 사건에 의해 아버지가 갑자기 돌아가셨다고 한다. 중간에 대표팀에서 제외되기도 했다. 본인 표현으로는 마지막 중요한 슛에서 26번의 실패가 있었다고 한다. 중요한 것은 꿈을 꾸고 한 발씩 나가는 것이라 그는 말했다.

그의 말에 깊이 공감한다. **내 손에 미치고 나의 범위 안에 드는 것을 한 개씩 더 실천하는 것이다. 그 역시 중요한 것은 매 순간을 즐기는 것이라고 했다. 지나간 일은 왈가왈부하지 않는다.**

이전에 한 광고에서 그는 9천 번의 슛을 쏘고 그 시점까지 3백 번의 경기에서 졌다고 했었다. **그러한 실패가 자신을 만들었다고 했다. 최고의 운동선수 출신인 그의 겸손한 모습이다. 경험에서 우러나오는 진실한 표현으로 느껴진다.** 즉 자신의 현재 시점에서 할 수 있는 것에 하나씩 노력하는 것과 연결된다. 나의 새벽 기상과 아침 독서, 글쓰기도 같다.

국내외에서 유사한 사례가 있다. 소매상 협회의 통계를 본 적이 있다. 영업사원의 48%, 25%, 15%가 각각 1, 2, 3회 시도하고 포기한다. 나머지 12%가 계속 시도한다. 그들이 매출의 80%를 달성한다. 국내외 영업과 마케팅에 20여 년 종사한 필자의 경험도 마찬가지이다. 대부분의 영업사원은 한

두 번 해보고 고객사 발굴을 포기하곤 한다. 또 다른 곳을 가보는 것이다. **그런데 뭔가 다른 사람들이 있다. 되건 안 되건 일정한 간격으로 계속 연락하고 만나는 것이다. 포기하지 않는 것이다.** 당장에 성과가 없어도 말이다. 그런 영업인은 언젠가 기회를 잡는다. 거기에서 차이가 나는 것이다. 꾸준하고, 포기하지 않는 태도와 자세가 다른 점이었다.

필자도 미국, 유럽의 신규 업체에 연락할 때 동일한 패턴을 취한다. Keep going의 형태이다. 일상의 새벽 기상, 독서와 글쓰기, 걷기도 마찬가지이다. 프로는 하기 싫을 때 참고 해 나가는 것이 진정한 모습이다.

마이클 조던이 이야기한 대로, 꿈을 꾸고 단 한 발씩 나가는 것이 성공 요인이라는 것과 일치한다. 또한 자유롭게 상상하고 한계를 넘는 마인드를 가져야 한다. 넓은 세상을 꿈꾸고 나가야 한다. 월트 디즈니에서 디즈니랜드가 계속된 상상력으로 지속되기에 완성될 수 없다는 표현과도 이어진다. 필자 역시 자신의 꿈과 도전정신을 가지고 늘 큰 세상을 맞아야 한다고 생각한다. 시작은 미약할지라도, 한 분야에 꾸준히 도전하면 반드시 목표를 이룬다고 믿는다.

강한 정신이
희망을 만든다

희망으로 정신 건강 및 관리

우리는 육체적인 것 외에 정신적, 영혼에 관련된 부분에 서도 계속된 도전과 시도를 한다.

마음이 아픈 것은
왜 그럴까?

"인간은 욕망의 지배를 받기 때문에 욕망이 충족되지 않으면 고통을 받는다."

— 쇼펜하우어

필자가 40대 중반 이후에 더욱 절실하게 느끼고 배운 것이 있다. 독서와 다른 분들의 삶과 도전의 모습을 통해서이다. 삶의 희망을 높이고 즐겁게 만드는 방법 중 하나는 단순화이다. 불필요한 것, 맞지 않는 것, 불편하고 번거로운 것을 없애는 것이다. 성숙해지고 강해질수록 굳이 타인과 경쟁하려 하지 않는다. 과거 김연아 선수가 '자신과의 싸움', '자신의 마인드 컨트롤을 가장 중요시한 것'과도 통한다.

타인의 평가, 판단에 좌지우지되지 말자. 이는 행복지수 1위의 핀란드에서 "타인과 비교하지 않는다."라는 가치를 적용하는 것과도 통한다. 또한 외부의 소문에 견디는 내공, 자신감이 필요하다. 타인의 좋은 피드백을 기대하는 맘을 내려

놓으면 자신의 길을 가는 데 더 도움이 된다.

"인생 최대의 적은 바로 나 자신이다."
– 로마 제국의 율리우스 카이사르(Julius Caesar)

우리는 인생에서 때때로 시련과 어려움을 접한다. 그를 통해 고통을 느낀다. 상처가 생기기도 한다. **그러한 고난의 시간이 지나면 결국 우리는 성장한다. 변화와 발전을 이루게 된다. 모든 것이 순탄하고 문제가 없으면 굳이 변하지 않는다. 혹은 변할 필요가 없게 된다. 가장 아픈 순간이 우리를 발전시킨다고 한다.** 그를 통해서 깊이 뭔가를 느끼고 사무치고 뼈저리게 배웠을 테니 말이다. 고통이 사라지고 남은 공간은 우리의 새로운 삶으로 채우는 것이다.

필자 역시 고통과 실패의 경험들을 인생의 순간에서 접하곤 했다. 18살, 33살, 39살, 49살에 힘겨운 일들을 겪었다. 그중 뼈아프고 맘이 시린 사건들이 있었다. 그 순간은 마치 그것이 영원할 것 같고, 마치 깊은 고통의 늪으로 빠진 것처럼 느껴진다. 하지만 지나고 보니, 그 어려운 순간은 언젠가는 끝나게 된다는 것을 알았다. 또한 일정한 시간이 지난 후에, 그것에 대해서 고마움과 감사의 마음도 생기게 되곤 한다. 참 예상치 못한 감정과 생각의 변화였다.

이러한 실수와 좌절, 고통과 아픔도 인생의 한 과정이다.

인생에서 가장 괴로웠던 시간이, 가장 많이 느끼고 배운 인생의 시간이었음을 필자 또한 느꼈다. 혹자가 이야기한 '인생 고통 총량 불변의 법칙'이 있다. 우리 각자에게 그 시점과 내용만 다를 뿐이지, 모두에게 인생에서의 힘든 고통은 동일하다는 것이다.

인간에게 가장 강력한 것 중 하나는 죽음의 문제일 것이다. 죽음은 인생을 규정짓는다. 우리가 어떤 계기로 희망을 가지면, 죽기 전까지 모든 열정과 정성, 힘을 모아 거기에 집중하곤 한다. 그것을 이루기 위해서 도전하는 것이다. 이처럼 희망보다 더 크고 위대한 것도 없다. 그렇게 생각해 보면, 죽기 전에 무엇이든 못 해볼 도전은 없기도 한 것이다.

"너 조만간 큰 병으로 죽게 되는 운명이야." 그런데 "혹시 살아난다면 새롭게 인생에 도전해 볼 수 있을까?" 한다면, 웬만하면 다 다르게 살 것이기 때문이다. 그런 극한의 상황이 없기에 우리는 현상을 유지하려 할지도 모른다.

생각과 감정이
왜 들쑥날쑥할까?

자기 자신을 잘 관리함은 항상 쉽지 않다. 어떻게 하면 수시로 바뀌고 변화하는 스스로를 잘 관리할 수 있을까?

첫째, 건강관리는 규칙적인 식사, 꾸준한 운동과 수면이 포함된다. 몸을 자주 움직인다. 마음 건강도 늘 잘 챙긴다. 스트레스를 줄인다. 감사하는 마음을 갖는다. 통제 불가능한 것을 고려하지 않는다.

둘째, 시간 관리를 세부적으로 한다. 자신만의 루틴을 만들어서 활동한다. 할 일 목록을 만들어서 관리한다.

셋째, 일상, 사람관계는 단순화한다. 복잡한 것은 지양한다. 좋고, 긍정적이고 선호되는 사람들과 어울린다. 부정의 영향을 주고받는 관계는 가능한 한 피한다.

넷째, 자기 기준을 세운다. 그에 맞추어 충실하게 산다. 건강, 꿈, 희망, 계발 부분을 갖는다. 재산, 경험, 미래와 도전 부분도 마찬가지이다. 가치의 기준을 갖는 것이다.

다섯째, 어제보다 나은 오늘을 만든다. **세상의 기준이 아니**

다. 희망을 찾는 나만의 기준을 갖는다. only one, 건강한 사
고와 행동, 단순화를 추구한다. 감사를 늘린다. 좋고 배울 사
람들과 어울린다. 도전과 전문화를 지속한다. 하루 5분 루틴
을 매일 반복한다.

상대와의 대화가
왜 자꾸 어긋날까?

누군가와 대화하고 협의함이 쉽지 않다. 어떻게 하면 그 부분도 개선할 수 있을까?

일단 잘 소통한다는 의지와 신념을 가져본다. 희망을 품는다. 작은 일의 반복을 매일 5분 이상 시도한다고 가정한다. 그렇게 하면, 과거의 부족함을 개선할 수 있다. 앞으로의 성장 가능성을 찾게 된다. 또는 성공에 다가가게 된다.

필자도 새벽기상과 독서, 글쓰기를 몇 년간 지속하고 있다. 나의 삶에 긍정적 영향을 주는 것이 도움이 된다. 책은 진정한 자신을 찾게 도와주었다. 자신감도 올려주었다. 자아 효능감도 개선시켰다. 나의 사고와 시선을 열어주고 넓혀준다. 독서를 통해 간접적인 경험을 얻게 된다. 독서는 마음속에 에너지가 생기게 한다.

쇼펜하우어의 말처럼, 독서는 자기의 머리가 남의 머리로 생각하는 것이다. 빌 게이츠도 독서가 자신의 성공에 절대적으로 기여했다고 했다. 과거의 가장 훌륭한 사람과 대화하는 것이라는 데카르트의 표현과도 통한다. 어떻게 하면 더 나은 삶을 살 수 있는가? "좋은 사람을 만나라. 그렇지 않으면 좋은 책을 읽어라." 질문했던 청년에게 답한 톨스토이의 이야기와 연결되기도 한다.

우리는 타인과 언어와 행동으로 소통한다. 조율, 협의하면서 성장하거나 가능성을 찾아간다. 책 읽기에 집중하면 시간의 지배자가 되는 느낌을 갖는다. 감정의 이해 능력도 발달한다. 그를 통해 생각의 확장도 가능해진다. 즉 의미 있는 인생을 더 생각해 볼 수도 있는 것이다. 미래의 꿈과 비전을 세우고 꿈꾸게 된다. 우리 스스로가 그리면서 계획할 수 있는 것이다.

어떻게 하면 과거보다 못하고 한심한 나를 개선할까?

나를 성장시키고 자존감을 회복하려면 어떻게 해야 할까? 어떤 활동을 해야 할까? 독서에 대한 명언은 참 많다. 성공한 기업인 중 상당수가 독서의 기여도가 성공에 절대적이었다고도 말한다. 읽은 책을 다시 읽는 것이 희망 가득하다는 공감도 있다. 독서는 힘들고 외로울 때, 위로를 준다는 것도 많이 알려져 있다. 좋은 책을 읽는 것은 한 사람의 인생을 알게 되는 것이다.

또한 작가를 통해 배움이 가능하다. 세상이 좋아졌다. 온라인, 오프라인으로 얼마든지 원하는 책을 구해서 읽을 수 있는 세상이다. 과거에 천재였던 레오나르도 다빈치도 다양하게 책을 읽었다고 알려졌다. 독서는 지식을 넓혀주는 것이다. 또한 독서는 마음을 진정시키기도 한다. 독서의 장점은 무궁무진한 것이다. 나의 인생을 생각한 대로 만들어 간다. 그럴 때 세운 목표를 작게 쪼개서 실행함이 좋다. 즉 하루 5분 시도하고 실행할 것으로 만들어 본다. 반복적 습관을 만든다. 왜냐하면 성공한 사람들 대부분도 처음에 그렇게 작거나 미약하게 시작했다. 매일 루틴으로 만들어서 진행한 것이다.

필자는 매일 아침에 5시 전후에 알람 없이 일어난다. 약 4년 넘게 반복된 루틴이다. 아침 독서와 글쓰기를 한다. 가장 맑은 정신으로 책을 읽는다. 생각나는 좋은 아이디어, 문구를 기록한다. 나만의 노트를 만들어 간다. 날마다 꾸준히 하는 것이다. 이러한 5분 기적의 루틴으로 하루하루 변해 가는 자신을 발견했다. 또 막연히 꿈꾸던 출간을 하게 되었다. 완벽하지는 않지만, 과거의 목표를 하나씩 다 이루어 가고 있다.

무엇보다 필자 스스로도 다짐하곤 한다. 많은 책을 읽는 것이 목적이 아니다. 자신이 즐거워서 독서를 계속하는 것이다. 흥미롭고 관심 있는 분야를 찾는다. 더 읽고 사고를 확장하는 것이다. 음식을 먹고 나면 소화의 시간이 필요하다. 독서를 한 후에도 사색과 자기만의 시간을 갖고 그것이 자기 몸을 통과하게 한다. 그래서 자신만의 해석과 적용을 한다. 그게 나의 삶에 새롭게 응용되는 것이다. 그 과정을 통해서 결국 나의 비판력과 창의성에 긍정적인 도움이 된다.

필자는 글쓰기와 산책, 명상을 통해서 생각이 정리됨을 경험했다. 특히 책 출간을 하면, 그 주제에 대한 그동안의 독서와 본인의 생각이 정리되고, 또한 단순화됨을 알게 되었다. 치유의 효과, 회복의 기적이 있음을 경험했다. 독자를 위한 책이기도 하다. 하지만 우선 필자로서 자가 치료, 생각의 정리와 행복을 더 알게 됨을 깨닫는다.

우리나라 고전, 세계의 명서를 통해서도 배움이 크다. 사회 일반 대중의 기준과 시선, 평가가 나의 기준이 꼭 될 필요는 없다. 보편타당한 상식은 이해한다. 하지만 나의 인생에 적용할 때 세상의 가치를 모두 나에게 적용할 이유는 없다. 다른 기질적 특성, 장점을 가지고 각자 태어났기 때문이다.

독서를 즐기면서도 마찬가지이다. 굳이 현재 많이 읽히는 베스트셀러에 얽매일 필요가 없다. 각자가 관심 있고 흥미로운 분야를 독서를 통해 깊이 있게 알아간다. 또한 다독(多讀), 복독(復讀)을 통해서 그것을 확장한다. 연결되고 통하면서 창의적인 내가 됨을 느끼는 과정이다. 자신만의 방법으로 말이다. 그래서 독서는 나에게 자신감을 준다. 또한 스스로 만족감과 자긍심을 높여준다.

모든 고통은 의무로부터 시작된다. 공부는 스스로 하고자 하는 순간 즐거움이 된다. 또한 자신의 희망을 구체적으로 갖고 실행하면 좋다. 날마다 5분의 시도, 혹은 그 이상 시간의 노력은 나 자신에게 흥미와 설렘. 기대를 심어준다. 큰 부담이 없기 때문이다. 또한 아침의 맑은 정신과 좋은 생각은 하루를 희망차게 한다. 무엇인가 성취한 느낌으로 하루를 연다. 또한 시간을 넉넉하게 쓴다. 여유롭게 클래식을 들으면서 책을 읽기도 한다. 그날의 몸 컨디션과 기호에 따라 음악도 정한다. 루틴에 따라 책의 내용과 소재도 정해서 읽는다.

메모 역시 다양하다. 감성, 문득 생겨나는 생각들, 흥밋거리, 공부하고 싶은 분야, 리서치 제목, 소재를 적는 등 다양하다. 책을 읽으며 현인들과 대화를 통해 빠져든다. 또한 시대는 다르지만 이토록 인간의 삶이 통하는가 신기할 정도이다. 내가 하는 고민을 '몇백 년 전에 이미 이분, 저분이 하셨구나.' 생각하면 반갑기도 하다.

내일을 걷는 용기를 가지고 살아간다. 늘 작고 소중한 꿈을 갖는다. 키워 나간다. 내가 원하는 나의 삶, 최고(No. 1)의 과도한 경쟁이 아닌 나만의(only one) 차별화된 자신의 삶을 목표로 한다. 그러니 설령 70%, 75%만 달성해도 뿌듯하다. 기준이 어제의 나와 오늘의 나이기 때문에 대부분 초과 달성이다. 목표가 세계, 우리나라 1등이 아니기에 압박감이 없다. 창의적이고 자유로운 생각이 가능하다.

글을 쓰건, 책을 읽건, 리서치를 하건 오히려 진행이 더 잘된다. 자유롭고 동기부여 받는 자신이 행하는 것이기 때문이다. 나의 강점과 꿈을 확실히 계발하고 적용하는 것을 깊게 연구, 진행하는 것이다. 손흥민 선수도 자신이 좋아하는 축구를 평생 하면서 지속 연구하면서, 최고 수준의 실력을 갖게 되었다. 몸 상태와 컨디션을 축구에 집중하고 관리한다.

하고 싶은 것, 가고 싶은 곳도 자제하고 인내한다. 훈련하기 싫은 날도 이겨내고 훈련한다. 프로의 멘탈(mental) 관리는 그렇게 운영된다. 전문가들은 자신의 의지와 목표로 꾸준히 작은 반복, 훈련을 해 나간다. 나도 매일 같은 것을 이겨내는 훈련을 해 나간다.

어떻게 하면 희망을 품을 수 있을까? 작은 실천이면 좋다. 그리고 범위도 작게 제한함이 좋다. 어떠한 것으로 잘게 쪼개는 것이 넓고 광범위한 것보다 낫다. 구체적으로 바로 실행을 해야 하기 때문이다. 꾸준하게 루틴으로 반복하면 결국 하나로 통한다. 작은 움직임을 더 나은 방향으로 하면 된다. 시도하면서 무리가 되면 범위나 내용을 줄여 나간다. 실천하면서 성공, 성취감을 맛봐야 좋다. 그래야 연속적으로 다시 내일 할 수 있다.

뇌과학자들의 조언대로, 우리의 뇌가 인지하지 못할 정도로 간단하고 짧게 5분 정도로 시작해 보는 것이다. 이것이 몇 차례 반복되면 나아진다. 자연스럽게 더 진행해도 무리가 없다. 시행착오를 통한 개선, 적용이 가능하다. 호기심과 개방적인 마음, 창의력이 연결된다. 그렇게 되면 자신이 생각한 것보다 좋은 결과가 나오기 시작한다.

필자 역시 3번째 책을 썼다. 그 이후 한 출판사에서 출판

의뢰를 받았다. 기뻤다. 완벽하지 않은 책이지만 전국적으로 서점에 출간되었다. 온라인 사이트를 통해서도 판매되었다. 누군가에게 읽히고 위로될 수 있다는 것이 기뻤다. 루틴으로 새벽 기상과 독서, 글쓰기를 하다 보니 다 가능했다. 주간에 직장인의 삶을 살면서도 말이다.

필자와 같이 평범한 사람이 성취했다는 것은 누구나 할 수 있다는 의미이기도 하다. 이러한 습관의 반복이 핵심이라고 본다. 전문가들은 성공적인 관계를 위해서, 긍정적, 부정적 상호관계가 약 5:1 비율로 되면 좋다고 한다.

필자의 경험으로는 처음 시행하는 경우에는 90~95%, 대부분 실패하기도 한다. 그래도 몇 차례 반복, 또 시도하다 보면 실패 확률이 70~85%, 나중에는 그 부분이 절반까지 내려간다. 그리고 더 지속하면 높은 확률로 성공에 가깝게 진행되기도 한다. 가능성 있는 소재나 재능, 혹은 기회를 더 발견하게 된다. 그것을 깊이 연구하고 진행한다. 그러면 그 루틴이 누적되어 몇 달이 된다. 그동안의 축적된 내용과 개선된 사항이 반영된다. 그것이 결과물로 받아들여진다. 이것이 희망을 품고, 비전과 목표를 갖는 효과이다.

또한 놀라운 하루 5분 루틴의 시도, 도전의 이야기이기도 하다. 문과, 해외영업, 경영, 행정 출신의 필자가 쓴 방법이다. 여기에는 책 쓰기, 다독을 통한 독서노트, 희망이 가득한 삶 만들기가 포함된다. 늘 감사한 마음 갖기, 불안과 상처 없

애기, 편안한 마음 상태 유지하기, 단순한 삶 만들기 등도 있
다. 이처럼 매일 5분, 아침 루틴 또는 개인적인 시도, 도전은
해볼 만하다.

복잡한 머릿속
어떻게 정리할까?

살다 보면 수시로 찾아오는 여러 가지 생각이 있다. 많은 것들이 스치고 지나가기도 한다. 어떻게 하면 여러 가지 마음과 사고를 잘 정리할 수 있을까?

평소 작은 것도 메모한다. 나 자신을 통과한 글이 타인을 울릴 수 있기에 사색을 한다. 새로운 생각은 문득 찾아온다. 걷거나 샤워할 때, 음악을 들으며 달리기를 할 때 오기도 한다. 뭔가를 비워내면 또 채울 수 있음을 느낀다. 공원이나 산 속을 걷다 보면, 좋은 생각이 떠오르기도 한다.

아침 공원 산책, 달리기 코스

고교 시절, 고향 안성시 서운산에서 한 달간 지낸 적이 있다. 산길을 따라 약 30분 올라가면 산속에 절이 있었다. 공부하러 온 몇 명이 일정한 비용을 내고 청룡사라는 절에 머물렀었다. 학교 대신 방학 중에 자율적으로 공부해 보겠다고 간 것이었다. 아침에 산 위에서 내려다보는 자욱한 안개, 밤하늘의 쏟아질 듯한 무수한 별들이 있었다. 산속에서 나는 새소리, 부스럭거림, 산짐승을 울음소리 등이 섞여 있다. 마음이 편안하다. 한가로움을 느끼게 된다.

2주에 한 번 집에 올 때는 산길을 따라 내려온다. 산속에서는 마치 누군가 따라오는 듯한 소리가 날 때가 있었다. 짐승들의 빠른 움직임도 있다. 등골이 오싹한 순간들이 있다. 깊은 산속이 무섭기도 한 이유이다. 특히 혼자 다닐 때는 그렇다.

학창 시절에 필자도 여느 사춘기 학생처럼 고독을 느끼곤 했다. 1~2학년 때 방황을 했다. 그때는 더욱 그러한 마음이 있었다. 우리가 느끼는 고독은 중요한 것들을 함께 나누지 못할 때 생긴다는 칼 융(Carl Jung)의 이야기가 와닿는다. 군중 속의 고독이라고 했던가? 공감대가 없으면 고독은 더 느껴진다. 감성이 예민한 시절이라 더 그랬을 수도 있다. 어려운 시기를 넘기면 더욱 발전한다는 말이 와닿는다. 고난 뒤에 성장이 있는 것이다.

고교 시절의 마음고생이 지금은 아득하다. 그런 방황과 혼자 느낀 아픔의 시간이 도움이 된다. 가정환경과 여러 이유로 마음을 못 잡는 젊은이나 어른들을 더 이해할 수 있게 되었다. 그 순간을 새로운 삶으로 채울 수 있다.

글쓰기를 하면 좋은 점이 있다. 고교 시절, 30대, 40대 어느 순간의 고통, 어려움을 적는 것이다. 그때의 감정을 글로 표현한다. 갖가지 감정이 떠오른다. 그러면 신기하게도 글은 치유의 효과가 있다. 생각나는 대로 적는다. 그리고 나중에 수정한다. 또 보완해 나간다. 친구에게 그때는 그랬다고, 말하듯이 적어본다. 좋지 않은 생각을 하면, 경험상 그것이 꼬리에 꼬리를 물고 이어지곤 했다. 지나고 보니 좋은 마음과 건강한 생각으로 채움이 나았다.

똑같은 한정된 시간이다. 이왕이면 도전과 기회, 꿈과 희망을 생각하기로 한다. 가능성을 기대하는 것이다. 필자 역시 그런 식으로 늘 이해하려 한다. 그런 이후에는 골치 아픈 걱정, 불필요한 생각이 많이 줄었다. 머리 아픈 일이 적어진다. 그것이 나의 몸과 마음에 도움이 된다. 내가 통제 못할 것은 아예 기대하지 않는다. 스스로 조절하고 관리할 부분만 생각한다. 작은 것부터 조금씩 해본다. 미국의 어느 의사가, 훗날 훌륭하게 자란 자녀에게 어릴 적에 늘 이야기한 것이 있다. 자녀가 아빠에게 뭔가를 물어본다. 그러면 "아 그렇구나. 한번 해봐(Just try it)." "실패해도 괜찮아." "소중한 경험이야."

말해 준다는 것이다. 자연히 그 자녀는 한 분야의 훌륭한 전문가, 성인이 되었다.

　말이 글이 된다. 질문으로 유명한 소크라테스도 글을 남기지 않았다. 예수님도 글을 남긴 것이 아니다. 성경은 하나님의 계시를 받아 사람이 작성했다. 글을 쓰는 것은 희망을 준다. 어떠한 고통, 기억, 갈증, 목마름이 해소되는 과정이기도 하다.

　소중한 것은 누구나 쉽게 포기하지 않는다. 희망을 갖고 계속 도전하여 이룬 이야기를 주위에서 듣곤 한다. 자신의 꿈을 정하고 스스로 되새긴다. 종이에 적어서 이곳저곳에 붙여 놓기도 한다. 이미 달성했다고 외치기도 한다. 포기하지 않고 작은 희망을 지속적으로 갖는다. 뇌과학자, 심리학자들은 이러한 행동이 꿈의 달성에 도움이 된다고 한다. 우리 안에 내재된 두려움이 늘 있다.

　필자 역시도 뭔가 도전과 시도를 할 때 머릿속에 떠오르는 생각이 있다. '이것 실패하면 어떻게 하지?' 하지만 실수, 실패 없이 한 번에 성공하는 것은 드물다. 가치 있는 것은 도전의 산물이라는 것을 믿는다. '한번 해보자. 실패해도 괜찮아. 어쩌면 처음에는 성공하지 못하는 것이 당연할 수도 있어. 그래도 해보는 거야. 경험하는 것이 안 하고 생각만 하는 것보다 낫잖아. 인생은 도전이야. 한번 해보자. 성공할 수도 있거든. Keep Going 하자. 회피하면 후회만 남을 거야.' 그렇게 생각하고 필자도 해본다. 이 책을 출간하고자 원고를 쓰고 도전함도 마찬가지인 것이다. 누군가에게 도움이 되는 책일 수 있다고 믿고 진행한다.

실수나 패배 없는 곳에는 시나 추억, 스토리가 존재하지 않는 것이다. '나다움'을 지향한다. 자신이 아닌 타인이 되려고 하면 실패하기 쉽다. 나는 나다워야 한다. 나의 모습을 받아들이고 소중하게 여긴다. 괴로운 순간을 누구나 지나치게 된다. 그 순간 이후에는 스스로는 더 이해하게 되는 것이다. 필자도 30대 초반에 산후조리원에서 직원의 실수도 포함된 사건이 생겼다. 3주 만에 어렵게 얻은 첫아이를 잃었다. 그 후 깊은 실의의 시간을 몇 년간 보냈다. 이제 약 20년 이상의 시간이 흘렀다. 그 순간 동안 나의 내면을 더 잘 이해하게 되었다.

정신을 단련하는 희망 실천

왜 요즘 지적으로
퇴보한 느낌이 들까?

사람들은 보통 평생에 걸쳐서 학습한다. 그런데 스스로 정체되거나 오히려 과거로 돌아가는 느낌을 가진 적이 있나? 이럴 때 어떻게 하면 좋을까 생각해 본다.

좋아하고 관심 있는 것을 배우면 기분이 전환된다. 또 뇌에서 희망과 긍정의 호르몬이 나온다. 그동안 배웠거나 전공하지 않았던 새로운 분야를 시도해도 좋다. 가령 공대 출신이 인문학이나 글쓰기를 배우고 적용하기도 한다. 인문계 출신이 기술을 배워서 활용한다.

현실을 있는 그대로 인정함도 좋다. 자신의 실력을 과장하지 않고 받아들임도 시작에 도움이 된다. 내가 바라보는 나의 사고와 시야에 따라서 미래가 결정되기도 한다. 무엇인가 배우고 익힘은 몸과 마음을 깨어 있게 한다. 필자는 글쓰기와 스케치, 복싱, 달리기, 온라인 데이터 분석, 광고 등을 배우고 즐긴다. 인문학, 철학, 미술, 음악, 스포츠에도 관심이 더 많아졌다. 책을 보고 알게 되면서부터이다.

왜 나는
스트레스에 취약할까?

친구나 타인은 무덤덤하게 어떤 일을 잘 넘기는 것도 같다. 그런데 자신은 왜 그렇게 하지 못할까? 생각해 본 적이 있는가?

필자도 그렇게 여겨본 적이 있다. 정신과, 내과 의사는 말한다. 다양한 병의 근원이 마음에 있다. 심적으로 편안하면 병에 걸리는 확률이 줄어든다. 반대로 화를 품고 있으면, 간을 해롭게 한다. 머리를 아프게 한다. 심장에도 좋지 않다. 지나친 생각은 비장을 해친다. 근심, 걱정은 폐에 안 좋은 영향을 준다. 두려움과 불안도 신체에 악영향을 준다.

결국 원수 같은 상대가 생겨도, 먼저 용서하고 잊는 내가 자신을 지키는 방법이다. 쇼펜하우어가 "인간은 욕망의 지배를 받기 때문에, 욕망이 충족되지 않으면 고통을 받는다."라고 말한 것이 이해된다.

왜 기억도 안 나고
부정적인 생각이 많아질까?

IQ가 평범한 사람이 기억력 대회에서 여러 차례 우승한 이야기가 있다. 지속적인 반복 훈련을 통한 것이다. 주요 기억 방법은 '여행법', '도미니크 시스템'이라고 한다. 상상력도 필요하다. 그 방법 중 하나는 장면을 화면으로, 연동하여 기억하는 것이다.

기원전 5세기 그리스 시인 시모니데스가 참석한 연회장이 무너졌을 때, 시신을 찾으면서 발견된 기술이다. 연회장에서 테이블, 앉은 인원의 위치와 모습을 기억해 내어 사망자를 분별한 사건을 계기로 더욱 그 효과가 입증된 것이다. 이 역시 꾸준한 반복 훈련으로 가능해진 것이다. 기억력이 뛰어난 천재, 영재급이 아니더라도 가능하다는 것이 대회를 통해서 검증되었다. 그러므로 이 또한 5분 반복, 매일 연속적인 훈련의 루틴이 얼마나 대단한지 알려준다.

기억해 내는 것이 우수한 사람들은 기억의 장소를 뇌에 몇 개를 만든다는 것이다. 생각해 내야 하는 단어의 이미지를 만들어 연결한다. 상상력이 필요하다. 우리의 뇌는 깊은 인상, 능동적 상상을 기억한다. 그 사항을 기억 안에 저장하고 순서대로 매칭한다. 그것을 이미지로 담는다. 그와 같은 기억 방법을 갖게 연습하는 것이다.

필자도 중요할 때는 어떤 날은 물건을 신발 앞에 갖다 놓는다. 그것을 보면서 '아 오늘은 A, B 물품을 가져가는 날이구나.' 연상하는 것이다. 혹은 어떤 사람 이름을 꼭 기억해야 할 때, 그 이름으로 뜻을 만든다. 그리고 되뇐다.

혹은 필자는 만난 장소, 그때의 음식, 그분의 이야기 중 인상적인 부분 혹은 내가 좋아하는 무엇과 연동해서 특별한 장면으로 기억한다. 그럴 경우, 잘 잊지 않게 된다. 기억력 향상에 관한 책들에서 착안하여 필자 나름의 방법을 적용하는 것이다. 그러면 다음에 그분과 아주 오랜만에 대화해도 그때의 연장선에서 그분의 관심, 고민, 선호, 그 후 진행되는 것을 바로 물어볼 수 있다. 상호 호감지수가 올라간다.

상실감을 어떻게 이겨낼 수 있을까?

우리에게 일어나는 상실감은 향후 마주할 슬픔과 허전함의 사전적 표현이다. 동시에 극복하고 위로되어야 하는 아픔이다. 누군가 곁을 떠났을 때, 마치 그가 아직 이 세상에 존재하는 것과 같이 느끼기도 한다. 혹은 출장이나 외출을 나갔다고 생각하며 일시적인 회피, 또는 위로를 해보기도 한다.

이런 현실 도피적인 생각은 매우 섬세한 감정이다. 일시적으로는 그 아픔에서 벗어나게 해준다. 망각하게 하는 것이다. 상실은 처음에 우리가 그 공허함, 슬픔에서 나오지 못하게 만들기도 하는 것이다. 현실에 대한 외면, 부정을 통해서 그 고통과 아픔을 감소시킨다. 혹은 늦춘다. 인간이 감당할 만큼의 시련만 준다는 성경의 표현이 과연 실제로 다 맞을까? 자문해 볼 때도 있다.

필자도 2004년 개인적으로 상실의 경험을 겪었다. 처음에는 놀라움, 슬픔과 믿기지 않는 마음이 있었다. 산후조리원 관계자의 실수, 무책임에 대한 억울함, 분노가 있었다. 슬픔,

고통과 깊은 상실감이 섞여 있었다. 신에 대해 느끼는 야속함, 서운함도 있었다. 공허함과 허전함의 표현이었다. 정신과, 심리학에서는 분노하고 있다는 것이 치유되는 과정이라고 한다. 현실을 받아들이는 감정 상태가 된다는 의미이다. 거기에 죄책감, 미안함의 감정도 동반한다. 사고의 원인에 대한 자신에 대한 원망, 이런저런 것도 챙겼다면 좋지 않았을까? 혹시 그랬다면 일어나지 않았을까? 하는 아쉬움이 남기도 한다.

이는 엄밀하게 보면, 쇼펜하우어가 언급한 통제할 수 없는 것에 해당된다. 그렇기에 사실 우리의 통제 밖이었다는 표현이 더 적절해 보인다. 그럼에도 불구하고 인간은 상실의 슬픔을 자신에 대한 질책, 원망, 후회의 감정으로 표현하는 속성을 지닌 것도 같다. 그런 과정을 겪게 되는 것이다. 2004년에 겪은 나의 경험에서도 그러한 감정이 섞여 있었다.

이후에 절망과 낙담의 시간을 겪었다. 필자의 경우는 최소 8년, 최대 10년 넘게 그 감정이 마음 한구석에 지속되었다. 그런 아픔과 슬픔의 순간을 접하고 정리할 마음의 준비가 되지 않았기 때문이다. 나의 이야기를 이전의 책 『상처와 불안 이렇게 극복해!』에서 표현했다. 심리학에서도 이는 슬픔, 고통을 치유하는 하나의 과정이다. 가슴속 깊은 아픔을 밖으로 꺼내고 덜어내는 것이기 때문이다. 자신의 개인적인 상처,

상실, 아픔의 기억을 꺼내려면 용기와 결단이 필요하다.

상실에서 벗어나려면 어느 순간에 자신의 감정을 밖으로 내보여야 한다. 쌓인 것을 흘려보낸다. 울면서 억울함을 호소할 수도 있다. 고래고래 소리를 칠 수도 있을 것이다. 그러한 과정을 통해서 자신만의 아픔과 갇힌 마음의 부담, 고통의 밀실에서 나올 수 있다. 산책, 등산하기, 햇볕 쐬기, 음악 감상, 독서, 화분 가꾸기, 애완동물 돌보기, 텃밭 농사도 도움이 된다. 정원 손질, 영화 보기, 클래식 듣기, 그림 그리기, 글쓰기, 산속 체험, 전원생활을 통해서 자신을 위로할 수 있다. 회복에 도움이 된다.

억눌린 슬픔과 아픔의 비밀을 밖으로 내놓는 과정이 필요하다. 인생에 정답은 존재하지 않는다. 서두를 필요도 없다. 자신의 방법으로 하나씩 해 나간다. 그러면 시간의 흐름과 행동의 반복과 내보내기를 통해서 점차 우리의 마음이 진정된다.

나 자신을 믿지 못하는데
어떻게 하지?

타인이나 조직에서 나를 오해하는 일이 생길 수도 있다. 끝까지 믿고 지키는 최후의 보루는 자기 자신이다. 살다 보면 예기치 않게, 남들에게 욕을 먹을 일이 생길 수도 있다. 어쩌면 삿대질을 받을 일, 혹은 오해받을 일이 억울하지만 생길 수도 있다.

필자도 사회생활, 타인과의 관계에서 그런 일들이 가끔 발생했다. 억울한 일을 당할 수 있다. 어릴 때는 그것이 사실이 아님을 항변하고 설명하려 했던 것 같다. 부당하게 대우받는 것을 원하지 않기 때문이다.

진실은 시간이 지나고 더 명확해진다. 시간을 지나면서 필자도 느낀다. 결국 자신에 대한 신뢰가 무엇보다 중요하다는 것이다. 내가 나를 믿어주면 된다. 대부분은 시간, 상황이 지나면 잊힌다. 혹은 바로잡힐 수도 있다. 그리고 각자의 회복탄력성에 따라 원래로 돌아온다. 언제든지 사실과 다르게 보일 수 있음을 받아들인다. 항상 염두하고 기정사실화하고 지

낸다. 그것보다 소중하고 가치 있는 것에 시간과 생각의 비
중을 두기로 한다.

　우리 각자는 소중하다. 그 자체로 가치가 있다. 각자 인생
의 형태는 달라도 그 존재 자체의 의미가 있는 것이다. **중요
한 것은 언제나 자신을 믿는 것이다. 또한 그것을 회복하는
것이 필요하다. 결국 내 마음속에 있는 진정성과 순수함을
가장 잘 아는 것은 나 자신이기 때문이다. 이처럼 내면의 소
리에 귀를 잘 기울인다. 그 속에서 평안과 희망을 느낀다. 자
신을 믿는 것이 중요하다.**

위인들은 어떻게
절망을 이겨냈을까?

워런 버핏(Warren Buffett)

미국의 세계적인 투자자인 그는 독서광으로 유명하다. 그는 매일 하루에 5~6시간 동안 독서한다고 알려져 있다. '투자의 귀재'인 그 역시 끊임없는 자기 계발, 멘탈(mental) 관리와 위기관리 능력을 발휘하면서 2008년 글로벌 금융위기 등 투자의 위기, 어려운 상황을 극복해 왔다. 글로벌 위기, 미래투자의 불확실성 난제를 이겨내 왔다. 실패할 수 있는 상황에서 불안과 염려도 많았을 것이다. 그러나 항상 위기를 정면 대응했다.

또한 책과 저널 등 꾸준한 독서를 통해 새로운 정보를 얻는 점도 핵심 중 하나였다. 그는 세계적인 부자이지만 99% 이상의 유산을 기부하겠다고 약속했다. 하루 최소 500페이지의 책을 읽는다고 한다. 부자가 되려면 보통 사람의 5배 이상의 독서를 해야 한다고 자녀들에게 말한 것으로도 알고 있다. 성공적인 투자를 희망과 목표를 가지고 실행하는 것이다.

한국에도 마음그릇이 큰 어른이 있다. 문형배 헌법재판관의 스승인 김장하 선생이다. 문 재판관이 고교, 대학 시절 형편이 어려워 장학금을 받고 다닌 이야기가 회자되었다. 문 재판관이 서민의 평균 재산 수준으로만 자신의 소유를 유지한다는 소신도 화제가 되었다. 스승인 김장하 선생의 영향도 컸을 것이다.

김장하 선생은 오랜 기간 많은 학생에게 학자금을 지원해준 분이다. 알려지지 않게 빛도 없이 소리도 없이 타인에게 도움을 준다. 조용히 기부하는 것이다. 본인이 중학교 졸업 이후 가정형편이 어려워 고교 진학을 못 했다. 할아버지 지인이 운영하는 한약방에 근무했다. 거기서 한약공부를 했다. 스스로 세운 남성당 한약방을 통해 경제활동을 한 분이다. 경남 진주에서 한약방을 운영했다. 모은 돈으로 1983년 명신고등학교 세웠다. 그 후 1991년에 국가에 학교를 헌납했다. 1,000여 명의 학생에게 장학금 지급했다. 놀라운 실천이다. 정작 본인과 부인은 옷이나 비싼 것들을 사지 않고 검소하다고 알려진다. 문형배 헌법재판관을 포함하여 경제적인 상황이 좋지 못한 다수의 학생을 후원한 이야기도 뒤늦게 더 알려졌다.

나눔과 실천을 조용히 하고 계신 어른이다. 숨어서 실천함에 더 감동이 있다. 『줬으면 그만이지』라는 그에 관한 책과 이야기에 울림이 있다. 평범한 시민의 가치를 담은 활동이었다. 민주주의와 나눔의 의미를 실천했다. 우리나라에도 이러한 훌륭한 어른들이 계시니 자랑스럽다. 독립운동을 한 분들의 후손들로서, 이러한 분들과 공존하니 마음이 따뜻하다.

본인이 가난으로 교육의 혜택을 받지 못했다. 힘든 처지의 후배들, 사회에 사랑을 나눠준다. 참으로 아름다운 모습이다. 물건도 아껴 쓰고 기부를 한다. 대중교통 이용한다. 누구에게나 와닿는 감동이 아닐까? 이러한 어른들이 계심이 자랑스럽다. 그 선생처럼 우리 사회에는 아직도 많은 숨은 의인과 위대한 분들이 있어서 살맛 나기도 하다.

지역마다 위인들이 계신다. 명절마다 무기명으로 몰래 쌀가마를 보내는 분, 구세군 냄비 동일한 장소에 매년 큰 금액의 불우이웃 돕기 성금을 무기명으로 하는 분, 연탄 기부를 매년 하는 분, 노인들에게 목욕·이발 봉사를 하시는 분, 알리지 않고 누군가를 돕는 분, 그러한 분들이 있다. 우리 사회는 아직 희망과 따뜻한 온기가 있다. 굳이 미국이나 해외에서 사례를 찾지 않아도 따뜻한 마음을 나누는 자랑스러운 분들이 많다.

정약용

다산은 전라남도 강진 유배 생활을 포함한 시간에 500여 권의 저술을 남긴 전무후무한 기록을 세웠다. 그분의 초서 독서법을 후대에서 참조하여 배운다. 현대와 방식은 좀 다르지만, 저술 활동의 큰 획을 그은 것이다. 자녀와 부인에게 쓴 편지나『목민심서』에서 백성을 생각하는 마음을 엿보고 배울 수 있다. 현재의 어지러운 정치 모습에서, 우리나라 정치인들도 초심을 되짚어보도록 읽어보면 좋을 것 같다.

혹시 모를 자객이나 사약을 받을지 모르는 두려움, 가족에 대한 그리움, 어린 자녀들 교육과 경제적인 어려움에 대한 걱정, 아내에 대한 미안함이 다산 정약용 선생에게 늘 있었을 것이다. 실제로도 자녀와 아내에 대한 편지에서 그 내용이 드러난다.

1762년 경기도 남양주시 조안면 출신이다. 조선 후기 문신, 유학자, 실학자이다. 18년 간의 유배, 고통의 시간에 책 읽기와 책 쓰기를 했다. 백성을 생각하는 실력자이자 노력파이다. 50대 후반에 유배에서 풀려 지내다가 10여 년(20년 이내) 살다가 돌아가셨다. 자신과의 싸움에서 이긴 분이다. 뛰어난 독서광, 집현전을 통한 연구를 성공시킨 세종대왕과 정약용 선생이다.

다산 선생은 두 군데에서 약 18년의 긴 유배 생활을 보냈다. 자기 관리, 독서와 저술에 힘쓴 점이 대단하다. 백성을 사랑하는 마음도『목민심서』에 나타난다. 의학에도 관심이 있어서 저술하였다. 서양의 천재인 레오나르도 다빈치가 생각나게 하는 위인이다. 긴 유배 생활을 견뎌내고 저술로 승화한

점이 대단하다. 타인을 이롭게 하는 희망을 가지고 글을 쓰고자 했다. 복숭아뼈가 방 구들장에 마찰이 되어 세 번이나 닳아 없어졌다는 것은 그만큼 학습과 책 쓰기에 대한 다산의 동기가 강력했음을 보여준다. 자녀와 타인들에게 도움이 되는 편지와 책을 남긴 것이다. 희망으로 시작한 것이다.

이순신 장군

400여 년 후인 현재에도 몇 편의 영화로 제작된 위인이다. 그의 영웅담과 스토리 전개가 흥미롭고 감동이 있다. 조선 중기의 무신, 시호는 충무이다. 32세에 무과에 급제했다. 그는 충무공 이순신이다. 1591~1598년에 전라좌도 수군절도사를 시작했다.

평범한 태생이다, 불우한 교육, 위대한 사고방식, 책 읽기를 했다. 자기와의 싸움, 대의명분을 중시했다. 책을 보면 인간적인 부분이 엿보이는 대목들도 있다. 성숙한 인격자, 자신의 소신과 정의를 지키고 겸허함을 지녔다. 몇 차례의 백의종군, 숨기거나 거짓으로 고하지 않고 불이익을 받더라도 있는 대로 보고하는 용기 있는 분이다.

명량해전을 승리로 이끌었다. 해수의 흐름을 수년간 여러 가지 관련 도서를 읽고 공부했다. 그를 통해서 바닷물의 흐름을 전쟁에 이용할 방법을 면밀히 분석하고 계획을 세운 뛰어난 전략가, 독서가이자 실천가이다.

의롭고 명예롭게 살고자 한 분이다. 전투에서 잡힌 일본의 젊은 포로에게 책을 읽어줬다는 일화가 있다. 섬세하고 마음 따뜻한 분이다. 『난중일기』를 보면 그는 독서가이자 문장가이기도 하다. 불우하게 자라서 많은 배움은 없다. 그러한 결핍을 극복하고 위인이 된 분이다. 그는 독서와 자신만의 깊은 성찰로 뛰어난 지혜, 창조성을 가진 분으로 안다. 대한민국의 자랑스러운 위인이자, 인격적으로 리더로서, 독서가로서, 용기 있고 덕망 있는 분으로 늘 본받고 싶은 분이다.

약 480년 전의 위인이다. 그 삶에 많은 굴곡진 부침이 있었다. 일본군이 쳐들어왔을 때 그는 혼신의 힘을 다했다. 나라를 지키고, 전력은 열세지만 적들은 이긴다는 희망과 목표를 가지고 그는 싸운 것이다.

김대중 대통령

우리나라 최초로 노벨평화상을 수상하신 분이다. 그는 긴 투옥 시간 동안 다방면의 꾸준한 독서를 했다. 그를 통해 지적 능력도 쌓고 희망의 감정을 느꼈다고 한다. 감옥 생활이 그립다고도 했다. 그는 "우리는 모두 감옥 생활을 하고 있다. 내가 속한 곳에서 눈과 귀가 보고 들을 수 있는 세계는 지극히 좁기 때문이다. 그런데 이 감옥에는 창이 하나 있다. 이 창으로 우리는 어떤 세계도 만날 수 있다." 바로 '책이라는 이름의 창'이라고 말했다. 고(故) 김대중 대통령은 오랜 기간의 감옥 생활 동안 책 읽기로 다져진 분이었다. 또한 개인적으로 학력에 대한 열등감을 극복하고자 더욱 독서를 한 것으로 알고 있다. 결핍이 열정적 공부와 독서 추진의 원동력이 된 셈이다.

정치적인 도전과 노벨평화상 수상을 떠나서 그분이 감옥에서 독서에 빠진 점, 계속 꾸준하게 노력하시는 점이 인상적이었다. 대단한 분이라고 생각한다. 나는 대학이나 지역 출신을 개인적으로는 신경 쓰지 않으며 그리 크게 따지지 않는 편이다. 그 여러 가지 이유 중 하나는 고(故) 김대중 전 대통령의 사례를 통해서 느낀 바가 크기 때문이다. 그는 감옥에서도, 대통령이 당선되지 않았을 때도 희망을 잃지 않았다. 국가와 국민에게 헌신하고자 했다. 자신의 희망을 지키며 도전한 것이라고 필자는 생각한다.

넬슨 만델라

남아프리카공화국 최초의 흑인 대통령(1994년)이자 인권운동가이다. 종신형으로 27년간 감옥에 있었다. 『자유를 향한 머나먼 여정』 등의 저서가 있다. 1993년 노벨평화상을 받았다. 그 기나긴 감옥 생활 속에서 포기하지 않았다. 1918년 태어났다. 대학교는 중퇴했다. 이분은 정치범 수용소에 있었기에 햇볕도 없이 지내셨다니 그 긴 세월이 어떠했을까? 그 외에 9년간 또 다른 감옥에 있었다. 노벨평화상 수상을 떠나서, 자신 인생의 1/3 이상인 27년을 감옥에서 버텨냈다는 점이 대단하다.

또한 인권 운동가로서 활동한 점이 존경스럽다. 잘 배우고 좋고 높은 자리에 올라, 공정하게 법 집행을 하지 않고 권력과 타협하는 일들이 세계 곳곳에서 자행되기도 한다. 그런 모습과 전혀 다른 모습이다. 희망을 가지고 그 긴 감옥의 삶을 버텨낸 것이 놀랍다.

박성수 회장

개인적으로는 서울에서 아내가 다녔던 회사의 창업자이기도 하다. 이랜드 박성수 회장은 1975년 대학 4학년에 '근육무기력증' 병으로 2년 반을 병원에서 지낸다. 당시 불치병으로 입원해 있던 기간 동안, 약 3,000권의 책을 읽었다고 한다. 병원에서의 힘든 시간 동안 다양한 도서를 읽으며 자신의 미래를 꿈꾸게 된다. 어쩌면 인생 역전의 집중 독서로 임계점을 넘어선 계기가 된 것이다.

그때의 독서를 통해서 향후 이랜드를 이끈 사업적인 구상 및 비전, 위기돌파 능력, 조직운영법 등 다양한 아이디어가 생겨났다고 본다. 즉 그분은 그 기간을 전화위복의 기회로 삼은 것이다. 희망과 목표를 가지고 병원 생활, 그 이후의 사업에서도 위기를 극복해 나간 것이다.

정신적인 분야, 즉 시행착오, 자기 극복의 태도에 대한 몇 분의 사례를 참조하였다.

"아름다움도, 두려움도 모두 일어나게 두자. 계속 나아가자. 감정은 언제든 바뀔 수 있다."

– 라이너 마리아 릴케

출처: 그림작가 이범섭

5분의 기적,
희망과 성공을
만드는
반복 습관

우리는 어제보다 더 나은 오늘을 살고 싶어 한다. 그렇게 되기 위해서는 자신을 번거로운 일에서부터 멀리해야 한다. 매일 일정한 시간을 하나의 중요한 일에 집중적으로 써야 한다. 그렇다면 우리는 어떤 부분에서 연속적인 시도와 도전을 계속해 나갈까? 그 적용 사례를 살펴본다. 어떤 분야에서 지속적인 반복, 시도와 노력을 했을까?

5-1

5분 루틴으로 희망을
현실로 바꾸는 법

절망의 패턴을 끊는
작은 루틴은?

결국 확신하는 마음을 가질 때 희망을 만들게 된다. 그러한 마음을 어떻게 하면 갖게 될까? 자신의 관심 분야를 찾는다. 거기서 완벽함을 지향한다. 그러나 거기에 집착하지는 않는다. 불완전성에 대해서 항시 궁금증을 갖도록 한다. 중요한 정보의 출처를 확인하는 습관을 가져본다. 어떤 것을 다시 살피며, 집중하면서 생각해 낼 것인가가 중요하다. 달리기 선수, 양궁선수, 축구 선수가 자신의 목표를 되새기며 굳게 결심한다. 그것이 이루어질 가능성이 커진다. 자기 예언으로 자주 스스로에게 말해 준다.

아침에 일어났을 때 목표를 소리 내어 읽어본다. 이미 달성된 것으로 표현한다. 잠자기 전에 메모를 남기는 것도 좋다. 상상은 바라는 사건이나 미래에 관하여 감정적으로도 강하게 표현된다. 가상의 경험으로 의식적으로 떠올려진다. 시도에 따른 실수, 오류나 실패를 바라보는 자신의 긍정적인 태도를 유지한다. 안 좋은 것은 한정적이고, 특별한 사례로 간주하는 훈련을 해본다. 그렇게 하면 나의 마음과 안정된 심리상태를 유지할 수 있다. 부정적인 일에 대한 자신의 관점과 시각을 바꾼다.

자기 의심에 끊임없이 대항하고 올바른 사고를 유지하려는 태도이다. 핸드볼의 주 공격수, 혹은 축구 스트라이커인 선수는 골을 넣는다고 되뇐다. 오늘 경기에서 꼭 골을 넣는다고 다짐한다. 다만 '혹시 실수해도 괜찮아. 어차피 다음에 몇 골을 넣고 성공할 테니까.'라고 결심하는 것과 같다. 최고의 양궁선수나 프로 골퍼는 스스로 말한다. '이번에 대단한 성과를 거둘 것이다. 안 되더라도 다음번에 꼭 최고의 결과를 낸다.'라고 믿고 있다.

연구에 의하면, 위대한 성과자들은 공통적으로 미래에 성공 가능성이 점점 더 증가할 것이라고 믿는다. 축구 스트라이커, 농구 슈터(shooter), 양궁 선수, 골프 선수의 예처럼, 이러한 확신은 개인에게 최상의 성공 확률을 부여한다. 이는 심리학과 스포츠 스타들의 마인드 컨트롤 부분에서 입증된 것이다.

도전에 따른 시행착오, 실수와 실패 기억이 우리를 성장하게 자극한다. 시행착오는 언제든지 생길 수 있다. 여기에서 핵심은 사람들과 다르게 사고하기 시작하는 것이다. **매일 진행되는 루틴, 즉 나만의 반복적인 습관에서 경이로움이 나타**

난다. 날마다 실행하는 일이 반복되고, 그것이 모여서 큰 변화를 이룬다. 아침부터 잠잘 때까지 우리의 꾸준한 반복과 시도, 도전이 달라짐을 만든다.

꾸준한 시행을 통해서 나의 노력과 열정, 시간이 모아진다. 그를 통해 자신을 더 자세히 살펴보게 된다. 기존의 일상에서의 모습 중 스스로 약함, 결점이라고 여기는 부분에 작은 자신감이 생긴다. 반복된 과정과 시간을 통해서 이것이 장점이 되는 것이다. 아침부터 시작되는 자신만의 루틴, 반복된 시도, 도전으로 결국 우리의 작은 꿈들을 이루게 된다. 그래서 결국 원하는 인생, 나의 목표로 한 걸음씩 나아가게 된다.

작은 실천의 목표와 내용은 최대한 작고 좁게 정함이 좋다. 꿈은 크게 가져도 좋다. 다만 그를 향하는 첫걸음은 경험상 너무 거창하지 않은 게 훨씬 낫다. 예를 들어, 아침에 일어나서 우선 한 페이지의 관심 있는 책을 읽자고 다짐하고 시작한다. 집 앞을 5분만 걷거나 뛰어도 된다. 스트레칭을 5분 시도해도 된다. 원하고 바라는 방향의 작은 움직임인 것이다. 최소한의 행동으로 시작하는 것이다. 그것도 즐거움 속에서 말이다.

뇌과학자들이 권고하는 대로, 우리의 뇌가 인식하지 못할 정도로 작은 변화와 시도가 좋다. 행동이 간단하면 뇌가 변화를 받아들인다. 또한 그것을 이루었을 때, 스스로 작은 보상을 주라고 전문가들은 권한다. 동기부여를 통해서 계속 시도, 도전하는 계기를 마련해 주기 때문이다. 항상 사물에 대한 호기심과 궁금증을 갖는다. 열린 마음으로 현상을 받아들인다.

전문가들은 하루 기준으로, 긍정적인 상호작용과 부정적인 상호작용의 비율이 5:1이어야 한다고 했다. 그 정도로 긍정의 비율을 높게 유지해야 한다. 필자도 아침독서, 글쓰기, 산책, 걷기를 5분으로 시작했다. 그 후 습관이 되면서 시간을 늘렸다. 66일 이상 지속하면 1시간, 그 이상도 가능하다. 즐겁게 임하고 성취감과 행복한 감정을 느낄 수 있다.

매일 반복되는
무기력을 타파하려면?

긍정적인 방향으로 현재가 바뀌려면 어떻게 해야 할까?

작은 성공의 경험은 도움이 된다. 평소 자신의 원하는 목표에 따라서 방향 설정을 한다. 무조건 열심히 하는 것은 지양(止揚)한다. 그보다는 '나만의 방법, 타인과 다른 접근'을 한다. 지속 실천과 도전에 따른 필수적, 절대적 필요한 시간이 있다. 그것을 인정한다. 할 수 있다는 의식을 가지고 추진한다.

계속된 루틴을 진행한다. 정성껏 시도한다. 결과를 보고, 개선하며 발전시켜 나간다. 지속 반복해 나간다. 이러한 실천을 날마다 진행하려면, 필자의 경험상으로도 강력한 동기가 필요하다. "나 스스로 뭔가를 잘하고 싶다." "어떤 분야의 전문가가 되고 싶다." 등의 목표와 갈급(渴急)이 있으면 좋다. 그런 동기를 가지고 지속적으로 실행한다. 결국 이루어 낸다. 그것이 최고가 된 사람들의 공통적인 모습이었다. 그들은 처음에는 어려운 일도 놀이처럼 쉽게 시작한다.

체스, 골프, 피아노 연주, 수학자, 조각, 테니스 선수의 예

시가 이에 해당한다. 대부분이 처음에는 오락처럼 시작했다
는 것이다. 거기에 근면함, 책임 의식, 자제력, 시간 관리 등
이 추가된 것이다. 많은 관심을 가지고 반복하며 집중하여
실력자가 되었다. 재능에는 약간의 차이가 있을 수 있다. 그
러나 결국에는 재능이 빠른 길이 되지 않는다. 반복적인 연
습과 도전이 결과물을 만들어 낸다.

정체된 일상을
업그레이드하려면?

꾸준함이 현실을 바꾸는 키가 되곤 한다. 반복적인 루틴이 중요한 이유이다. 결국, 이것은 차별화를 이루고, 무난한 삶을 벗어나려는 직관과 관련이 있다. 자신이 바라지 않은 일상에서 벗어나려면 현재를 바꾸어야 한다. 남의 시선이나 기준으로 살아가지 않는 것이다. 스스로 주인이 되어 생활하는 것이다. 일상의 산책과 걷기, 독서를 통해 내 시각을 확장할 수 있다. 관심 있는 분야를 정하고, 지속적인 반복 활동을 통해 내가 변화한다.

우리가 사고하고 경험하는 것들은 상호 연결된다. 개별적인 요소들이 모이고 결국은 다 관련이 있다. 수시로 메모한다. 또한 몇 줄이라도 날마다 적어본다. 급하게 서두를 것도 없다. 큰 목표를 잡을 것도 없다. 이것이 반복되면 결국 성장

한다. 이 시작은 지극히 일상적인 삶에서 시작하는 것이다. 다른 사람과의 소통, 이해 및 나눔으로 인해 더욱 확대된다.

원하는 부분에 대해서, 지속적, 반복적인 시도와 노력을 한다. 배움과 실행의 작은 기쁨을 맛본다. 당장은 즐기려 한다. 굳이 처음부터 결과에 얽매이지 않는다. **날마다 5분, 10분씩 지속적인 시도와 반복을 경험한다. 매일의 루틴이 된다. 그를 통해 점차 앞으로 나아간다. 매우 작고 사소한 것들로 출발하는 것이다.**

자신이 흥미를 느끼고 좋아하는 분야에서 시작한다. 부담되거나, 결과에 매달리면 지속하기 어렵다. 편안한 마음으로 지속한다. 성공으로 가려면, 많은 실패와 시행착오, 반복된 실행은 반드시 필요하다. 경험이 축적되면서 능숙해지는 방법을 이해하게 된다. 세상의 기준, 타인의 눈치를 보지 않는다. 나만의 기준, 내 속도와 발걸음으로 간다. 산책을 하고 명상을 한다. 바람의 소리, 자연이 만들어 내는 소음을 듣는다. 내 마음속에 있는 소리도 귀담아듣는다. 결국 내 인생이자 나의 희망이다.

일상의 삶에서도 최대한 간단한 삶을 추구한다. 너무 복잡한 인간관계가 꼭 좋은 것은 아니다. 필요하지 않은 물건은 처분한다. 스트레스를 주는 것들은 버리거나 최대한 멀리 둔다. 그것이 불가피하고 필수적이라면 받아들이고 공존한다.

미니멀(minimal) 라이프처럼 필요한 것만 간단히 선택한다. 단순한 삶의 방식과 일상 속에서 희망을 더욱 쉽게 찾을 수 있다. 매일 5분씩 노력을 한다. 선호하는 것을 시도한다. 다시 도전해 본다. 그것을 통해 변화하는 내 삶을 살펴본다. 현재의 기본적인 생활과 시간은 문제가 되지 않는다.

필자 자녀의 경우도 반복적인 루틴 실행의 사례이다. 몇 년 전에 필자는 퇴근 후에 유럽과 화상회의, 통화를 자주 한 적이 있다. 시차 때문에 퇴근 후에 집에서 할 수 없이 통화한 것이다. 그때 아들이 몇 번 들었다. 그 이후 자신도 영어로 자유롭게 외국인과 이야기하고 싶다고 했었다. 그래서 영어학원을 보내주었다. 약 4~5년 전이다. 이제까지 매주 3회 자녀가 영어를 배웠다.

숙제, 과제로 본인이 힘들어한 적도 있다. 그럴 때 필자는 배우는 것이 즐겁지 않으면 그만해도 괜찮다고 이야기하곤 했다. 등급이 올라가다가 힘들어서 본인이 2달을 쉰 적이 있다. 그때도 나는 꾸준히 즐겁게 할 동기부여가 안되면 그만해도 된다고 했다. 몇 년간 이미 배웠으니, 본인이 하고 싶은 이야기를 다 적어서 외워보라고도 했다. 그러면 기본 소통이 가능하다고 이야기해 주었다. 외국사람에 대한 두려움을 극복하면 가능하다고 했다. 즐겁게 하는 것이 오래 할 수 있다고 이야기해 주었다. 급할 것도 없다고 했다. 어차피 시험을 위한 영어보다 외국인과 대화하고 소통하고, 평생 쓸 언어이기 때문이다. 좋아해야 지속한다.

아들은 8주 정도 학원을 쉬었다. 그 이후 자신이 다시 배우고 싶다고 했다. 본인이 선택했으니, 자신이 좋아해서 하는 것이었다. 그러다 보니 얼마 전 홍콩 이모 집에 갔다가 외국인들과 대화했다고 한다. 아들이 본인 사촌 누나 다니는 외국인 회사, 캐나다인 대표(CEO)에게도 영어로 간단히 질문했다고 한다. 게임 회사이기에 그에 대한 궁금한 점을 물어본 것이었다.

몇 달 전에는 일본어와 노래도 배우고 싶다고 했다. 그래서 책과 CD를 구해 주었다. 자기가 좋아하는 것은 누구나 한다. 게임도 좋아해서 꾸준히 한다. 게임 회사를 외국에서 다니는 사촌과 관련 부분에 대한 이야기도 나눈다. 게임을 만들어 보고 싶다고 했다. 필자는 좋은 생각이라고 했다. "한번 도전해 봐."라고 말해 주었다.

한때 동물병원 의사를 하고 싶다고 아이가 이야기했다. 나는 '자유의지'라고 알려주었다. 다만 공부를 아주 열심히 해야 의사가 될 수 있을 것이라고 알려주었다. 사명감, 희생정신, 배려심과 사랑이 밑바탕에 있어야 하는 직업이라고도 말해 주었다.

공부만 잘하는 것보다 다른 것도 두루 해보라고 나는 조언했다. 그중에서 독서는 중요하니 교과서 외에도 책을 주기적으로 같이 읽곤 한다. 집 근처 도서관에 같이 가기도 한다.

책을 읽도록 대신 빌려다 주기도 한다. 자녀가 좋아하는 일을 찾아 공부했으면 한다. 자신이 원하는 일을 하면서 행복하게 지내면 좋겠다는 것이 많은 부모들의 동일한 의견일 것이다.

독서와 글쓰기의 장소, 도서관

필자의 방에서 책을 같이 읽기도 한다. 쓴 글을 읽어보라고 해본다. 독서목록을 보여준다. 책의 프롤로그를 읽고 평가를 해 달라고도 한다. 봐주지 않고 혹독하게 평가를 하기도 했다. "아빠만의 의견을 좀 더 넣으세요." 하고 이야기했다.

세계 명문가의 자녀교육에서 자녀와 독서록을 공유하라고 한다. 집 안에 서재를 두라고 조언한다. 서로 토론하라고 한다. 그것을 실천하고 있다. 아빠가 아직 5년 차의 작가이지만, 5년 후에는 그래도 10년 차 작가가 된다. 계속 노력하면, 나아질 것이라 믿는다. 나는 아이에게 말하곤 한다. 본인이 원한다면 공부 1등, 명문대, 의사의 꿈은 소중하다고 말한다. 많은 경우 유치원, 초등학교 때 높은 사람이 되고 좋은 학교에 간다고 한다. 그 후 중고교 시절에는 그 꿈과 희망이 점점 바뀌거나 현실화되기도 한다. 세상을 알고 자신의 적성과 실력을 파악하면서 타협하며 맞춰가는 것이다.

필자는 자녀에게 공부보다 훨씬 중요한 게 있다고 말해 주곤 한다. 건강한 것이다. 자신감을 갖는 것이다. 그리고 자신을 소중히 여기는 것, 희망이 가득한 것이다. 감사하는 마음을 늘 갖는 것이다. 또한 공부 잘하는 사람보다 좋은 사람이 되는 것이 중요하다고 말해 주었다. 학교 공부 1등보다 독서를 꾸준히 하는 청소년이 되는 것도 좋다고 말해 준다. 좋아하는 것, 창조적인 것, 남들과 다른 것, 나만의 것을 찾으면 평생 좋다고 이야기했다.

아빠는 평범하고 최근에 그것을 알게 되었다고 말해 주었다. 40대 말에 알았다고 아들에게 말해 주었다. 이제라도 독서, 글쓰기를 계속하는 것이라고 설명했다. 20대에 꿈꾼 해외영업, 세계를 주름잡는 일을 하는 꿈은 이미 이루었다고 알려주었다. 소박했기에 다 이루었다고 했다. 하지만 그보다 삶에서 중요한 것이 있음을 알았다고 말해 주었다. 그러니 하고 싶은 것을 찾으면 정말 좋은 것이라고 알려주었다. AI가 대부분 우리 업무를 빼앗을지 모른다. 인간만이 할 수 있는 창조적인 것, 독특한 것을 찾고 자기만의 것을 만들기를 바란다. 수입, 지위, 보이는 것보다, 희망하는 것, 꿈꾸는 것, 자신이 흥미를 느끼는 것에 도전하라고 했다.

이러한 반복을 필자는 아침기상 루틴, 독서, 매일의 산책과 글쓰기로 경험했다. 그를 통해 나의 삶과 희망에는 변화가 생긴다. 전과는 다른 여유로움과 휴식의 중요성을 깨닫는다. 또한 현재 상태로 감사한 것을 날마다 3개, 5개씩 떠올리고 적는다. 그것이 10개, 20개가 훌쩍 넘곤 한다. 나의 꾸준한 반복된 루틴과 도전이 마음상태와 희망이 생기도록 돕는 것이다. 활동을 통해 에너지를 재충전하고 활기를 얻는다. 앞으로도 지속할 것이다.

잘 생각해 본다. 인생에서는 고맙고 감사한 것들이 찾아보면 꽤 있다. 관심 있는 것을 더 집중할 동기도 된다. 그렇게 되면 스스로 더 긴 시간, 더 먼 거리로 나아갈 수 있다. 쉴 때 잘 쉬고 간다. 휴식을 취하고 즐기며 지속적으로 도전한다. 결국에는 이루어 낸다.

불규칙한 생활을
고치려면?

타고난 재능과 능력을 가진 천재, 영재도 20세 이후에는 서서히 그것이 줄어든다는 통계가 있다. 각 분야에서 천재적인 재능을 가진 분들도 마찬가지이다. 음악가 모차르트, 작가인 톨스토이, 셰익스피어, 헤밍웨이도 시도와 실패의 경험이 있다. 무수히 많은 시간에 특별한 도전과 노력을 했다. 화가인 반 고흐, 추사 김정희도 그렇 다. 자신만의 한계를 극복하는 노력이 천재적이고 남과 다른 차이를 만든 것이다.

자신의 목표를 달성하기 위해서 날마다 조금씩 도전하는 것이다. 그것이 모이고 쌓인다. 당장은 아주 작은 변화라 눈으로 드러나지 않을 수 있다. 하루 5분의 노력이 시작이다. 매일 몇 분씩 꾸준히 시도하는 것이 괜찮다. 그 방식이 변화의 밑거름인 것이다.

그렇게 계속 루틴으로 해 나간다. 군대에서 보병이 장거리 행군을 할 때, 앞사람의 발뒤꿈치를 보면서 걷는다. 그렇게 한 발씩 나간다. 조금씩 반복하면서 앞으로 나가는 것이다.

그것이 쌓이고 모여서 결국 몇 km, 몇십 km 거리를 완주한다. 뇌가 인식하지 못하도록 조금이라도 매일 시도해 나간다. 점점 목표에 가까워지는 것이다.

여러 가지 시도를 하면 실패가 늘 발생할 수 있다. 그것도 사전에 받아들임이 낫다. 긍정과 부정의 비율이 필자의 경우에는 10:1로 시작했다. 그 후 점차 자신감이 생긴다. 실패를 해도 두렵거나 부끄럽지 않다. 실제 시작해 보면 초반에 성공하기가 어렵기도 하다. 그러면 점점 부정이나 실패 비율이 커지더라도 당당해진다.

나중에는 5:5로 돼도 해볼 만하다. 더 반복하면 3:7로 부정과 실패가 70%로 예상되어도 도전해 볼 마음이 생긴다. 처음에는 어쩌면 실패 확률이 90~95%였는데 시행착오를 거쳤다. 그러면서 성공 확률이 높아진 것이기 때문이다. '실패하면 어때, 한번 해볼까?' 하는 마음이다. 이렇게 하면 나는 '내일을 걷는 용기를 가진, 차별화된, 유일한(only one)' 내가 된다.

무의미하게 느껴지는
하루를 멈추려면?

어떻게 하면 희망을 품게 될까?

자신만의 경험이 쌓이면 가능하다. 자신만의 유일함(only one)을 진행하는 근본에는 강한 동기가 있다. 자신이 세운 꿈과 비전이 기본이 된다. 뭔가 남다른 것을 이룬 분들은 사연이 있다. 그 스토리가 감동을 준다. 뜨거운 가슴, 즉 열정과 실행력이 동반한다.

붓글씨의 추사 김정희 선생이 제주도에서 유배 생활하는 동안 붓 천 자루가 닳아 못 쓰게 되도록 글씨를 연습한 것도 좋은 예시이다. 약 9~10년 동안 말이다. 그러면 3~4일에 붓 한 개를 닳도록 연습을 한 것이다. 얼마나 대단한 연습인가?

필자도 최근 약 5년간 집중 독서를 시행했다. 평일에는 매일 아침 독서 2시간, 저녁 독서 3시간을 진행했다. 낮 시간 동안 20분 이상을 목표로 했다. 글쓰기도 하루 30분 이상 지속했다. 주말에는 하루 10시간 이상 독서한 적이 많았다. 아내와 아이에게 미안한 부분도 있었다. 양해를 구했다. 평생

매일 그 절대적인 시간을 계속 독서와 글쓰기만 반복할 것은
아니었기 때문이다.

**몇 년 동안 책 속에서 삶의 의미, 방향, 앞으로의 인생을 찾
고 싶었다. 다양한 현인과 만나서 대화하고 싶었다.** 그들이
수백 년 전에 고민하고 통찰한 지혜를 엿볼 수 있었다. 발타
자르 그라시안, 공자, 맹자, 노자와 만나보았다. 쇼펜하우어,
플라톤과 키르케고르, 세네카, 몽테뉴와 대화해 보았다. 니
체, 다산 정약용, 윤동주, 오프라 윈프리도 책에서 교제했다.

나의 평범하고 일상의 직장생활을 벗어나, 넓고 광활한 세
상을 조금씩 배워나가게 되었다. 월급, 경제활동, 가정경제
의 책임자, 바쁜 4050 세대, 팍팍한 생활을 뛰어넘는 생각들
을 하게 되었다. 회사에 얽매여 살아온 20년보다 희망이 가
까이 왔다. 맛있는 음식, 좋은 옷과 차가 주는 일시적 즐거움
을 뛰어넘는 만족과 희열, 설렘과 기쁨이 책 안에 있는 것을
맛보았다.

데일 카네기, 라이너 마리아 릴케, 조지 베일런트에게 영감
과 지식을 배웠다. 소프트뱅크 그룹 손정의 회장, 만화가 이
현세, 화이트폭스 김승호 회장, 작가 고(故) 이어령에게서 전
문성, 배포, 절박함과 치열함, 끈기와 승부욕을 엿보았다. 미
야구치 기미토시, 사이토 히토리, 로버트 기요사키, 스티븐
코비에게 사업가 정신, 도전 정신, 대인관계, 사물을 보는 방

법과 리더십에 관해서 대화했다. 나태주, 이해인, 윤동주, 헬렌 니어링, 스콧 니어링, 조용헌을 통해서 사랑, 따뜻함, 서정적인 감성과 인생의 가치를 생각하게 되었다. 김경록, 김형석, 이시형, 이근후 박사, 존 템플턴, 김해남, 레이먼드 무디, 진세희와 만났다. 인생과 희망, 죽음의 가치, 삶을 마감하는 자세를 더 깊이 고려하게 되었다. 금기시되는 죽음에 대한 대화와 준비가 필요함을 알게 되었다.

이러한 집중 독서의 시간이 약 4년 반 흘렀다. 이 책은 필자의 지난 4년여의 삶에 대한 중간 점검, 혹은 매듭 같은 의미도 있다. 추사 김정희, 다산 정약용과는 비교할 수 없는 수준일 것이다. 그럼에도 이러한 독서 경험이 소중하다. 그 속에서 삶과 죽음, 꿈과 비전, 인생의 의미를 발견한다. 계속된 세계 각국, 과거, 현재의 분들과 일대일 미팅을 하고 있다.

그분들이 연결해서 함께 알려주는 것이 꽤나 삶에서 유익하다. 이것이 희망과 꿈을 심어준다. 글을 쓰게 된 것도 독서 후의 연결된 자연스러운 행동이었다. 40대에 시작한 직장인인 작가의 사례이다. 필자는 가끔 스스로 묻곤 한다.

'요즈음 희망 가득하고 설레는가? 희망은 어디에서 올까? 오늘 하루를 즐기고 있는가? 삶을 마감할 때 후회하지 않게 결정하면서 살고 있는가? 사랑하고 있는가? 꿈과 비전을 가지고 살고 있는가? 작고 소소한 것부터 매일 실천하고 있는가?'

쉽게 포기하지 않는
힘을 기르려면?

"사람은 반복적 행동으로 판명되는 존재이다. 따라서 탁월함은 행동이 아니라 습관이다."

– 아리스토텔레스

희망차고 웃음이 가득한 집은 한 가지 이유가 있다. 그렇지 않은 집은 다양한 이유가 있다. 톨스토이의 소설『안나 카레니나』에 나오는 글이다.

국가의 경우도 도전적으로 뭔가를 계속 시도하고 실패한 결과가 쌓인 경우가 있다. 나중에 성과로 이어진다. 시행착오가 반복되면서 노하우가 되는 것이다. 그러한 축적의 산물이 혁신과 맞물리고 재구성된다. 선진국의 경우 그러한 기술적인 도전과 데이터, 경험이 발휘된다. 그것이 사용되고, 타인과 소통, 공유되면서 발전되기도 한다.

개인의 경우도 비슷하다고 본다. 자신만의 실패, 실수, 그것을 극복했던 방법이 쌓인다. 그것이 같은 사안에 대해서도 한층 성숙하게 바라보게 한다. 대응력도 높여준다. 희망은 포기하지 않는 힘에서 나온다.

필자는 해외영업을 20년 이상 해 왔다. 외국 고객사에게 단계적으로 정보를 한 개씩 주면서 협상하는 것이 낫다. 필요하지 않은 것을 굳이 처음부터 다 알려줄 이유도 없다. 영업 초창기에는 경험이 부족했다. 친절을 이유로 불필요한 것까지 설명하기도 했다. 시간이 흘러 요령이 생겼다. 계속 협의, 타진을 하면서 주고받는 과정이 필요하다. 신뢰 형성에는 시간도 필요하다. 그러한 것이 시행착오, 경험을 통해 개선된다. 자료 구성과 발표 방법도 마찬가지이다. 꾸준하게 연습, 반복하면 고객이 느끼기에 편안한 흐름의 구성이 된다. 상대를 잘 살피면서 진행한다. 성의와 지원의 태도를 보인다. 상대가 가려운 부분을 일부 도와줄 수도 있다. 외국 고객이 좋은 느낌을 가질 수 있게 할 수 있다. 자연스럽게 속의 이야기를 할 수 있게 된다.

과학 서적에 따르면, 인간은 206개의 뼈와 656개의 근육이 있다. 약 150억 개의 신경세포가 있다고 한다. 시신경에 수십만 개의 섬유가 연결된다. 그를 통해서 1억 개가 넘는 정보를 우리의 뇌에 보낼 수 있다고 뇌과학자들은 말한다. 꼭 그러한 정보를 떠나서도 알 수가 있다. 우리가 꾸준하게 독서를 하고 글을 쓰면, 이전보다 자신이 일련의 기억력, 활동,

능력이 개선되었음을 느낀다. 쓰면 쓸수록 기술, 근육, 언어, 적용, 습득 능력이 나아짐을 알게 된다.

일정 연령이 지나면, 기억력과 근육이 줄어든다고 한다. 그럼에도 우리보다 더 뛰어난 능력을 보유한 노인들을 발견하곤 한다. 말 그대로, 몸짱이며 젊은이보다도 더 활기차고 다양한 활동을 유지하고 있는 분들도 있다. **무엇보다 강한 동기, 목적이 바탕이다. 그 위에 날마다 계속된 노력의 결과이다. 연속적 시도가 얼마나 의미가 있는지 알게 해주는 대목이다. 우리에게 주어진 시간, 몸의 에너지의 자원을 가장 핵심적인 것에 70% 이상 집중적으로 사용하는 것도 성공의 방법이다. 선택하여 거기에 에너지를 집중하는 것이다.** 그것은 목표 달성, 결과 창출의 가능성을 극대화하게 된다.

필자 역시, 다독을 통한 지식과 사고력 넓히기, 메모의 습관화를 진행하고 있다. 몇 년간 독서와 산책, 글쓰기에 집중하고 있다. 물론 주간에는 생계와 전문성 유지를 위해서 미국·유럽 고객 발굴, 마케팅, 해외사업 확장 등 회사의 업무에 성실히 임하고 있다. 불황 속에서 차별화된 아이디어와 창의력을 반영한 적용을 시도하고 있다.

이러한 연속적 시도를 한 위인과 선인들의 사례는 참으로 다양하다. 김대중 대통령의 계속된 도전, 넬슨 만델라 대통령의 행보, 자동차의 선구자인 헨리 포드의 여러 번의 실패와 파산, 그 이후의 성공은 잘 알려져 있다. 화이트폭스 김승호 회장의 7번의 실패와 도전 이야기, 결국 성취함도 인상적이다. 조지 워싱턴의 도전, 일론 머스크의 체험과 실패, 혁신적 시도가 있었다. 아마존 제프 베이조스의 빠른 배송, 유연한 반송을 통한 전자상거래 활성화 혁신과 도전이 있다. 그후 사업 확장이 인상적이다.

과정 중에 기쁨을 느끼면서 이룬 사람들은 대부분 마음가짐이 편안하다. 인생의 어려움이 찾아와도 마치 롤러코스터를 탔다고 생각한다. 안전 바(bar)가 있어서 떨어질 위험은 없다. 서핑을 탄다고 생각한다. 이미 많이 타서 웬만하면 지나가고, 극복할 수 있다고 여긴다. 우리말에 "산이 높으면 골이 깊다."라는 말이 있다. 필자도 어느 강연에서 '인생 총량 고통 불변의 법칙'을 듣고 어쩐지 큰 위로를 받았다. 어느 누구든 인생을 살면서 받는 고통이 같다는 의미였다.

30, 40세대의 힘든 일들이 주마등처럼 스쳐 갔다. 상처와 불안, 고통과 아픔, 슬픔과 좌절의 순간들이 있었다. 시기와 정도, 그 형태만 다를 뿐 다양한 고통이 인생에서 누구에게나 찾아온다는 것이다. 애초에 그렇게 생각하면 마음이 편해진다. 나는 오늘 이 고통을 미리 받는 것이다. '나눠서 이번에 온 것이다.'라고 생각함도 좋은 방법 같다. '이 또한 지나가리라.' 받아들이는 것이다.

매우 큰 어려움의 도전이 있었다면, 반대로 그것을 극복하고 달성했을 때는 상상할 수 없는 큰 성취감과 경이로움을 느낄 것이다. 우리 스스로 세운 나만의(only one) 목표를 기준으로 말이다. 거기에는 타인과의 비교, 세상의 기준을 두지 않았다. 그런 경우, 얼마나 나의 성취감과 만족감이 클까? 얼마나 스스로 자랑스럽고, 자아 효능감을 느낄까?

매일 약 40명이 자살하는 한국이다. 그 이유는 경제적, 정신적, 육체적, 기타 문제가 다양하게 섞여 있을 것이다. 차별화된, 나만의, 스스로의 목표와 비전, 연속적 시도는 나를 지키는 데 도움이 된다. 무엇보다 세상의 기준과 가치관에 함몰되어 자신을 잃지 않게 해준다. 필자는 그리 믿는다. 그렇기에 이 책은 필자의 새벽 기상, 아침 루틴, 낮 시간의 운동 습관, 저녁 루틴, 독서와 글쓰기, 마인드셋을 내용에 넣었다. 부디 이 글이 마음과 몸에 위로와 평안이 필요한 분들에게 도움이 되길 바란다.

5분 반복이 필요한
4가지 핵심 분야

왜 나는 내 몸을
돌보지 못할까?

어떻게 하면 자신을 건강하게 유지할까? 매일 몸을 최상의 컨디션으로 관리하는 방법은 무엇이 있을까?

평소에도 아침, 점심, 저녁에 많이 걸으려 한다. 그런데 특히 뭔가 걱정이 생기면 바로 걷기 시작한다. 경험적으로 몸을 움직이면서 걸으면 불안이 없어진다. 30분 전후로 걸으면 머리가 한결 가볍다. 심리적으로 안정이 된다. 걸으면서 대부분은 그리 걱정할 문제가 아님을 자연히 알게 되기도 한다. 걷기를 통해 스트레스와 피곤함이 가신다. 의사, 운동학자들은 걷기가 콜레스테롤 수치는 낮춰준다고 한다. 그 말은 혈관벽에 있는 중성지방을 줄여준다는 이야기이다. 치매, 건망증 연구에는 걷기가 발병 확률을 30~40% 낮춰준다고도 한다.

뇌에 산소를 공급받는 과정이다. 전에 방송에서 케냐 북부 나이로비 사람들의 생활을 보았다. 마사이족은 하루에 적어도 2~3만 보를 걷는다고 했다. 우리는 1만 보 걷기에도 많은 노력이 필요하다. 그들은 물동이를 머리에 이고 걷는다.

생활환경, 경제적인 것을 떠나서 그들은 건강해 보인다. 필자는 점심 이후 꾸준히 걷는 운동을 하고 있다. 하루 최소한 30~40분 이상 걷는다. 어떤 때는 1시간도, 그 이상도 걷는다. 등에 땀이 나곤 한다. 꾸준하게 매일 걷는다. 이보다 더 좋은 운동이 있을까 생각도 한다.

1. 달리기

공원을 걷다 보면, 옆으로 삼삼오오 뛰어가는 무리를 보곤 한다. 발소리를 맞추어 뛰기도 한다. 혼자 이어폰을 끼고 뛰는 이들도 있다. 필자 역시 가끔 1초에 세 걸음으로 달리기를 한다. 5분 달리기를 뛰다 서다 한다. 코로 숨을 쉬면서 하고 있다. 약 100번을 세면 숨이 약간 차다. 그러면 잠시 멈춰서 몇십 걸음을 걷기도 한다.

스웨덴 스톡홀름 출장을 2020년 즈음 갔었다. 아침에 필자는 습관으로 조기 기상해서 호텔 근처를 걷고 있었다. 맞은편에서 같이 출장 온 엔지니어 분이 조깅 복장으로 나와 마주쳤다.

스웨덴 스톡홀름, 바사 박물관에 전시된 '바사호' 그림

자신은 스트레스 관리, 건강법으로 달리기를 한다고 했다. 한국에 복귀한 후 나도 걷다가 가끔 뛰어보았다. 그가 생각 나기도 했다. 발을 힘차게 땅에 내디디며 앞으로 나간다. 그 지역의 신선한 공기도 마신다. 몸이 쾅쾅 울리면서 바람도 쐰다. 주위의 소리도 들린다. 자연과 나와의 교감이 이루어 진다. 자유를 찾는 과정같이 연상도 된다. 러닝 음악을 들으 면서 뛰어보니 또 다른 신비한 세상 같기도 하다. 명상을 달 리면서 하는 것 같다. 나를 알아가는 과정같이 느껴진다. 달 리는 동안 나의 정신과 육체 모두 서로 조율하면 맞춰가는 것 같은 느낌도 있다. '이 느낌이 그분이 스톡홀름에서 이야 기한 달리기의 매력이구나.' 나중에 느꼈다. 걸을 때와는 조 금 다르다.

우리는 먼저 자신을 이겨야 한다는 키에르케고르 말에 공 감한다. 스스로 단련되어야 한다. 마음이 정돈되어야 한다. 나의 현실을 있는 그대로 바라봐야 한다. 건강한 사고로 현 실에 충실해야 한다. 나 역시 몸으로 직접 경험하고 느꼈을 때 가장 빨리 느끼곤 했다. 누가 그럴듯한 말을 하면, 나는 속으로 '한번 해 봐야겠다' 생각하곤 했다. ㉿ 정주영 현대그 룹 회장이 "임자, 그거 해 봤어?" 말씀하신 것도 연상된다.

진정한 자아를 찾는 것은 의미가 있다. 나의 모든 행동의 구심점이자 시작점일 것이다. 걷기, 움직임과 달리기를 통해서 우리 몸과 정신의 원하는 곳에 이를 수 있다. 마인드 컨트롤을 한다. 화, 억울한 일에 따른 불편한 마음을 다스릴 수도 있다. 달리기도 도움이 된다. **몸을 움직인다. 시선으로 세상을 본다. 스스로 어떤 사람이 될지 선택하는 것이다.** 인생의 주인은 자신이니까. 무엇보다 건강과 마음을 지키려 노력한다. 건강 상태에 따라서 마음도 영향을 많이 받는다. 몸이 아프고 힘들면, 평소의 좋은 마음도 달라지곤 함을 발견하기 때문이다.

그만큼 건강관리는 중요하다. 내가 잠도 잘 자고 쉬고 멀쩡해야 누구를 도와주든지, 이야기를 들어주든지 할 수 있다. 스스로 자신을 통제하기 어려우면, 그 어떤 마음의 여유도 내기 어렵다. 걷기와 달리기, 이 간단한 운동이 나의 건강을 지켜준다. 푸시업(push-up)까지 한다면 자신감도 더 증가한다.

질병 없이 건강하게 사는 것이 제일 감사하다고 노인들은 말씀한다. 뒤돌아보니 일하는 것만 중요하지 않다고 그들은 회고한다. 쉴 때 잘 쉬어야 한다. 여행도 다녀야 좋다. 나이 먹고 건강이 안 좋아지면, 후회한다는 것이다. 그리스의 극작가 소포클레스의 "제일 잘 사는 건 병 없이 사는 것이다."라는 말과도 통한다.

삶이 소박하고 간소하면 좋다. 그러면 마음과 몸에 부담이 없다. 잘 쉬고 잘 놀고 지내면 좋다. 쉴 때 잘 쉬지 못하는 것도 병이다. 필자 역시 과거에 직장생활 10년 이상 했을 때,

그러한 습관을 고치기가 쉽지 않았다. 늘 뭔가 일하거나 바쁘게 도전함이 습관이 된 점이 있다. 경제적으로 자립하고자 했던 사춘기 이후의 꿈이 더 열심히 일하자는 것으로 작용했는지도 모른다. 그런 생각과 행동이 반복되면서, 습관이 된 것이다. 하지만 삶을 절반 이상 살았을 때, 생각을 다르게 해야 함을 느낀다. 잘 쉬고 노는 것도 능력이다.

자신이 원하는 모습을 찾아가는 것이 인생에서 중요하다. 나의 인생에서 의미와 소망하는 삶을 찾아가는 것이다. 시간을 갖고 생각한다. 꿈과 비전을 설정한다. 누구에게 보여줄 용도가 아니다. 우리 인간에게 시련과 실패, 고난과 좌절은 찾아온다. 그것을 겪을 때는 죽을 것만 같기도 하다. 지나고 나면, 성숙하고 현명해진다. 마치 성장기의 어린아이가 아프고 난 뒤, 행동이나 대응이 훌쩍 크게 느껴지는 것과 비슷하다. 우리는 모두 그 과정을 겪고 자라났다.

자신을 희망이 넘치도록 만들면 좋다. 타인의 기준, 시선에 얽매이지 않으면 좋다. 혼자서 즐겁게 놀기도 해야 한다. 어렵고 고단한 일이 생길수록, 방 안에 있기보다 몸도 더 움직여야 한다. 한곳에 머물고 생각하면 더 고통스럽기도 하다. 필자의 경험으로도 그랬다. 아픔과 상처, 고통과 슬픔을 풀어버려야 한다. 그 에너지가 많이 필요함을 자주 느껴봤다.

나의 정신적인 상태는 바로 몸의 피로로 연결됨을 알았다.

그런 점에서 맘이 힘들 때는, 오히려 언제 그랬냐는 듯이 몸을 움직여도 도움이 된다. **내가 숨쉬기 편한 속도로 달릴 때, 자유를 느낀다. 팔 굽혀 펴기나 근육운동을 하면 자신감이 생긴다. 줄넘기와 복싱을 할 때, 생기가 넘친다. 머리가 맑아진다. 나의 속도와 나에게 맞는 것을 찾으면 좋다.**

단백질 섭취도 꼭 필요한 것이랴. 다만 과도한 고기 섭취는 자제하고 오이, 당근, 사과, 바나나, 달걀로 아침 식사를 하니 배부르지 않아서 좋다. 머리도 맑아지는 느낌이다. 탄수화물을 줄이니 체중조절에도 도움이 된다. 책을 읽은 이후로, 가능하면 화학물질 들어간 사료를 먹은 동물의 고기를 줄이려 한다. 단 콜레스테롤을 적정량 유지함이 오히려 건강과 암 예방에는 도움이 된다는 것을 일본 의사들 책에서 읽었다. 주기적으로 일정량의 단백질과 지방을 섭취하고 건강과 활력을 유지하려 한다.

2. 식사법

영양사와 의사들이 권하는 것을 식사할 때 참조하곤 한다. 채소와 과일을 5:2 비중으로 취한다. 항산화 작용을 하는 브로콜리와 토마토를 먹는다. 적정량의 나트륨 섭취로 혈액을 깨끗하게 한다. 소고기보다 저렴하지만, 불포화지방산이 풍부한 닭고기는 애용한다. 의사들의 권고를 들은 후 실천해 본다. 아침에 달걀 섭취로 필수영양소를 채운다. 피로 해소와 눈의 피로를 완화하는 건포도를 먹기도 한다. 아침마다 사과 반쪽을 껍질째 먹는다. 폴리페놀, 칼륨이 있는 사과이다. 혈관도 강화하고 비만도 예방한다. 식이 섬유가 풍부한 버섯도 섭취한다. 비타민 B, D를 함유하고 있다. 버섯의 '베타글루칸'은 암 억제 효과가 있다고 했다.

의사들 의견 중에 참조할 것이 있었다. 우리가 즐겨 먹고 좋아하는 소고기, 가공육이 대장암에 위험 요인이 될 수 있다는 것이다. 반면에 닭고기는 몸에 좋다. 고등어, 삼치, 멸치 등 청어는 암 발생 위험을 줄인다. 필자 역시 미역, 다시마 같은 해조류를 가끔 섭취한다. 혈압에 좋고 칼륨, 마그네슘을 함유한 음식이다. 물론 맛있고 즐거운 마음으로 식사하면 몸에 좋을 것이 분명하다. 그럼에도 흰쌀밥은 포도당의 과잉을 불러올 수 있다. 천천히 먹어서 혈당의 빠른 상승도 억눌러야 한다.

지난 100년 전 인간의 평균 수명은 45세 전후였다. 현재는 80대 초반에서 중반까지 늘어났다. 지역별로 90세 이상, 거의 100세 근접한 노인분들도 다수이다. 의학의 발달로 건강검진도 보편화되어 있다. 병을 발견하고 관리, 같이 사는 모습이기도 하다. 그럼에도 늘 희망, 건강을 위해서는 배우고 이해하는 자세가 필요하다. 필자 역시 그런 점에서 늘 깨어 있으려고 한다. 건강하게 살고 싶다. 그래야 타인도 도울 수 있다. 우리의 꿈을 이루기 위해서, 자기 관리가 우선되어야 한다.

왜 부정적인 말이
습관이 되었을까?

　긍정적인 말이 운명을 바꾼다는 말은 일리가 있다. 대화와 언어의 습관이 그만큼 중요한 것이다. 과거 애플 창업자, 스티브 잡스의 표현은 간결했다. 복잡한 것을 심플하게 표현함이 우수했다. 많은 경우 짧아야 힘이 있다는 것에 공감한다. 논쟁을 하기보다, 새로운 제안을 한다. 창조적 아이디어로 제시한다. 혁신적인 국내 전자회사인 삼성전자, LG전자, 아마존의 제프 베이조스, 일론 머스크 역시 새로운 것을 보여준다. 웅진그룹 윤석금 회장의 영업 사례, 회사 창업 및 경영의 방법에서도 배울 점이 많다. 그들의 말에는 힘이 있다. 리더십도 있다.

　셰익스피어는 약 15,000개의 단어를 사용했다고 한다. 평범한 우리는 보통 약 2,000개 내외의 단어를 사용하는데 말이다. 실제 말을 할 때, 그 단어뿐만이 아니라 상대방의 표정, 몸짓, 목소리 톤이 영향을 미친다. 연구에 의하면 언어로 전달되는 것이 약 7~8% 수준이라고 한다. 몸짓과 목소리 톤이 합쳐서 90% 이상을 차지한다는 것이다.

　이처럼 우리의 말의 표현에서 비언어적인 것이 주로 영향을 준다. 실제 회사에서 어려운 것을 진행하거나, 양해를 구할 때가 있다. 얼굴을 보면서 설명하면 많은 경우 해결되거나 받아들여진다. 메신저나 이메일로 소통할 때와는 천차만별이다. 언어적인 것 외에 비언어적인 것이 전달되기 때문이다. 그래서 중요한 것은 만나서 얼굴 보고 설명하는 게 효율적이다. 또한 말투가 중요한 것이다. 말의 내용뿐 아니다. 말할 때의 표정, 몸짓과 말투가 주요하게 작용하는 것이다. 절대로 무의미하게 언쟁을 하지 않도록 한다. 친해도 일정한 거리를 두는 것도 필수적이다.

　소통에 뛰어난 이들은 상대방의 이야기를 경청한다. 많은 시간을 듣는 데 쓴다. 대화에 능숙한 고수들의 특징이다. 반대의 경우는 말을 많이 한다. 핵심을 넘나들기도 한다. 필자 역시 회사에서 소통할 때, 유심히 살펴본 부분이 있다. 좋은 평판과 소통의 기술을 가진 분들은 한결같이 경청하는 것이다. 또 중요한 한두 개만 이야기한다. 표정, 몸짓이 듣는 데 익숙해져 있다. 핵심을 찾아내고 말하는 상대방이 스스로 그 방향으로 결정하게 도와주기도 한다.

　자신의 생각이 명확해야 이러한 것도 가능해질 것이다. 말하고 싶을 때 참는 것도 기술이라고 본다. 대화의 고수들은 상대방의 말을 두세 번, 혹은 서너 번을 듣고, 본인은 한 번 말하기도 하는 것이다.

왜 실패하는
직장 생활을 지속할까?

지난 20여 년 동안 필자도 회사 생활을 했다. 현재도 역시 회사 업무를 보고 있다. 조직에서의 모든 것은 그리 쉽지 않다. 자신의 업무, 보고, 회의 참여, 제안서, 외국인과의 협상, 상품 개발 및 판매, 마케팅 계획 수립 및 실행, 조직 운영 및 소통이 그것이다. 타인, 타 부서와의 협업도 대체로 쉽지 않다. 과거에 약 10년을 경험하니 영업, 마케팅, 보고, 발표 분야는 좀 개선되었다. 창의적인 고객사 발굴 및 매출 진작 방안, 고객사 설득과 협상은 여전히 쉽지 않다. 그럼에도 목표와 KPI(핵심 성과 지표)를 세우고 꾸준히 진행하고 있다. 그러면 결국 몇 가지 결과가 도출되게 마련이다. 직장 생활에서 어떻게 하면 성공할 수 있을까? 누구나 가끔 생각하는 부분이다.

회사 생활 중 가장 어려운 것 하나가 인간관계이다. 리더를 잘 따르고, 자신의 역할을 충실히 해야 한다. 스스로 좋은 리더의 역할도 해야 한다. 훌륭한 팀장, 임원들을 보기도 했다. 그들은 몇 가지 점에서 약간 달랐다. 자기 계발과 확신이 있다. 팀원이나 타 부서 인원을 지원해 준다. 회사의 성장, 목표를 돕는다. 의사 결정이 명확하고 빠른 편이다. 극단적으로 행동하지 않는다. 보고에 능하다. 전략적인 관계를 유지한다. 즉 좋아도 싫어도 내색하는 것을 자제한다. 적극적으로 행동한다. 그리고 무엇보다 회복탄력성, 자기 관리가 우수했다.

20여 년의 직장 생활 동안 필자도 그런 리더를 몇 분 만나 봤다. 뛰어난 식견, 전략과 실행력을 가진 분들을 주변에서 가끔 뵙거나 모신 경험이 있다. 드물지만, 조직원을 감동시키는 분도 있었다. 결정적일 때 다른 사람에게 공을 돌리는 대인배도 드물지만 보았다. 특히 이해 상충, 문제 발생 시 대응하는 것을 보면 리더의 스타일을 알게 된다. 또한 의사 결정이 필요한 경우의 대응을 봐도 한층 더 이해한다. 팀이나 본부를 이끄는 스타일을 봐도 업무 성향을 알게 된다.

리더의 스타일은 보통 몇 가지로 나뉜다. 각 조직원의 특성, 목표와 진행 방향, 타임라인(timeline)을 참조하면서 이끌게 된다. 똑같은 상황이라도, 화자의 말을 전달하는 기술이 뛰어나면 조직원의 부담이 적다. 같은 일을 해도 기분, 마음의 부담이 적다. 하고 싶은 동기부여가 생길 수도 있다. 신뢰를 받고 있다고 느낄 수도 있다. 이처럼 인간관계 측면에서도 화법과 대화의 기술이 중요하다. 루스벨트 스타일의 대화는 강연, 연설을 할 때 수집한 자료를 검토, 평가, 소재 활용하는 것에 능한 점이 있다. 주요 사항을 이해하고 순서를 고려한다. 부동산 전문가이자 세계적인 강사 중 한 명은 브라이언 트래시(Brian Tracy)는 효과적인 프레젠테이션을 하려면, 자신이 사용하는 단어에 대해서 100개 이상의 비슷한 표현을 이해하면 좋다고 말했다. 데일 카네기는 하나의 토크에는 최소 네 가지 버전이 필요하다고 했다.

　작가로서 책을 쓸 때 필자도 참조가 되는 표현이다. 일상의 스토리를 담는다. 거기에 메시지가 있다. 전달 메시지는 정확하게 표현한다. 나 위주의 표현이 아니라, 상대방이 인지하도록 말해야 한다. 일상에서 스토리를 발견하고 활용하라. 스토리에 메시지를 담아라. 필자도 부족한 부분이기에 늘 배우려 한다.

왜 계획 없이
중간에 포기할까?

1. 성공을 이룬 사람의 특징 이해

말의 힘은 대단하다. 그 표현이 운명을 만든다. 마이크로소프트의 빌 게이츠는 오래전 "전 세계 모든 가정과 모든 책상에 적어도 하나 이상의 컴퓨터가 갖춰진 세상을 만들 것이다."라고 말했다. 그것이 현실이 되었다. "나는 천하장사가 된다." 그는 실제로 천하장사가 되었다. 나중에 "나는 최고의 MC가 된다." 결국 간판 MC가 된 강호동의 말의 힘을 볼 수 있다. "나는 축구 선수로 성공한다." 박지성 선수의 경우이다. "실패해도 다시 도전하니, 어차피 성공한다." 같은 맥락의 표현이다. 그는 결국 맨유의 핵심 축구 선수 역할을 잘 완수했다.

웅진그룹 윤석금 회장이 쓴 책을 보면, 선언문 형식으로 자신의 꿈과 도전, 나아갈 방향을 적어서 표현하고 공표했다. 그리고 실행했다. 결국은 대부분 성취한 것으로 보인다. 그 과정에 다양한 어려움, 고난이 있었지만 결국 만들어 간 것이다. 이것이 말의 힘, 표현이 운명을 만드는 사례 중 하나인 것이다.

필자가 전에 근무하던 국내 유수의 전자회사에서도 비슷한 경험을 했다. 회사의 비전과 목표, 실행 계획을 구체적으로 표현한다. 그리고 진행한다. 중간에 진척 사항을 확인한다. 그것이 터무니없는 경우가 아니면 대부분 달성에 가까운 높은 실적, 결과를 도출한다. 체계화된 많은 기업의 공통적인 부분이다. 이것 역시 말의 힘, 적어서 표현하는 시각화, 표현의 중요성이라 생각된다.

말의 힘은 이처럼 위대하다. 신비하게도 나의 말은 내가 선택한다. 내가 한 말로써 나의 운명이 결정되는 것이다. 이처럼 성공을 이룬 사람은 목표, 긍정의 표현을 말했다. 뇌과학자들이 뇌가 혼동할 정도로 이미 달성한 것으로 표현함이 도움이 된다는 것과 상통한다. "나는 이미 목표를 이뤘다."와 연결된다.

성공한 사람들은 자신의 능력보다 수준을 낮춰서 살아간다고 한다. 늘 소비하는 것을 기록한다. 메모를 생활화한다. 신용카드보다 현금을 사용한다는 의견도 있다. 모르는 것, 도움받을 것을 알리고 상대의 협조를 받기도 한다. 대담함, 용기, 실행력이 우수하다. 긍정적인 측면을 더 집중적으로 본다. 나 자신의 사고, 꿈, 비전으로 실행한 것들을 믿는다. 기존의 틀에 얽매이지 않는다.

아우슈비츠에서 고통을 받은 이스라엘 민족의 역사가 있다. 그 이후 몇십 년 만에 이스라엘 민족이 강한 나라로 된 정신 중 하나는 후츠파(Chutzpah)라고 한다. 후츠파는 뻔뻔함, 대담함이다. 이는 실패를 두려워하지 않는 이스라엘의 창업 정신이다. 누구에게나 배울 점이 있다.

이스라엘 통곡의 벽

그들은 계획수립과 실행이 우수하다. 도전정신이 뛰어나다. 실수를 두려워하지 않는다. 자신의 시도, 실패와 시행착오를 기억한다. 그것을 참조해서 개선하고 다시 도전한다. 다양한 시도를 거쳐서 결국은 해낸다. 이것이 성공을 이룬 사람들의 공통점 중의 하나이다. 결국 한 번에 쉽게 성공하는 것보다 계속된 도전과 시행착오와 개선 활동을 포함한 반복과 실행을 통해서 이루어 내는 것이다.

2. 독서의 중요성

"책을 읽는 것은 잃어버린 마음을 찾는 일이다."　　－ 맹자
"1만 권의 책이 있는 곳이 낙원이다."　　－ 허균

　독서를 통해서 사물과 세상에 대해서 배우고 생각하게 된다. 자연의 원리, 삶을 사는 방법에 대한 지혜를 배운다. 인간관계 및 돌아가는 세상의 이치를 깨닫게 한다. 그것을 이해하고 내 삶의 방향과 적용법을 생각하게 된다. 독서가 나를 깨닫게 해준다. 성장 밑바탕을 제시해 주는 것이다.

　필자 역시 독서를 할수록 사물과 사람, 세상의 원리와 방법을 좀 더 알게 되는 것 같다. 인간의 기본적인 심리, 인지상정, 공감을 더 알게 된다. 안 좋은 상황, 예기치 못한 일에 대해서 받아들이는 나의 모습이 안정됨을 느낀다. 이전보다 덜 당황한다. 또한 혼자만 겪는 일이라고 억울하고 원통한 마음도 덜하다. 이 근본에는 독서가 있다. 물론 나이와 경험도 한몫할 것이다. 하지만 가장 강력한 밑바탕은 독서에 있었다. 지난 4, 5년간 약 1,400권의 책을 읽었다. 그전과 비교해서 필자 스스로도 참 많이 의연해지고 편안해짐을 느꼈다.

　독서의 힘은 위대한 것이다. **책 읽는 습관이 '인생의 불행으로부터 자신을 지키는 피난처를 만드는 것'이다.** 미래의 나는 '어떤 것을 계속 추구하는가?' 따라서 결정된다. 표현이

와닿는다. 이만큼 독서를 잘 표현해 주는 글이 있을까? 필자의 경우에도 독서를 하면서 희망이 쌓여 간다. 현실은 비슷하다. 다만 그것을 바라보는 나의 시야와 관점이 바뀌었다. 책에는 정답이 있었다. 위로와 공감이 있다. 수십, 수백 년 전에 이미 동일하게 고민한 흔적과 답을 듣곤 한다.

인간은 삶이 지극히 유한하기 때문에 삶의 말미에는 아쉬움도 클 것이다. 그때 각자의 인생을 돌아보게 될 것이다. 책은 그 상황에 직접 가보지 않아도 간접 체험을 하게 한다. 젊을 때 총명하고 유망한 분도, 노인이 되어 치매에 걸리기도 한다. 자신의 몸을 스스로 못 가눌 수 있다. 몸이 아프거나, 거동이 어렵기도 한다. 이럴 경우, 그분의 인생은 실패한 것인가? 창피한 것인가? 이런 점을 생각하게 만든다.

책은 그에 대한 다양한 의견과 사례를 제시한다. 결국 우리 스스로 각자의 삶의 모습, 나중에 노인이 되었을 경우의 삶도 계획해야 한다. 독서는 자신을 보호하고, 지킨다. 미래를 준비한다. 사고와 시야를 확장하는 것이다. 이러한 가치는 비길 데가 없다.

독서를 통해서 내가 생각하는 의미 있는 구절, 감동받은 문구를 찾는다. 거기에 밑줄을 치거나 필사하기도 한다. 정보의 파편들을 나만의 방식으로 연결한다. 경제, 문학, 사회, 수학, 철학, 미술, 에세이 책도 내용이 연결될 수 있다. 책을 넘기면서 전체적인 맥락과 구성을 보게 된다. 목차를 보며 내용의 흐름을 이해한다. 자신이 감동받은 책은 두세 번 정도 반복해서 읽는다. 내용이 연결되고 정리된다.

내가 받아들인 가장 인상 깊고 감명받는 구절은 나만의 것이다. 그것을 다르게 구성, 변형, 창의적으로 내 것으로 만든다. 나만의 독서노트를 쓸 수 있다. 나의 경험과 사고, 책에서의 내용을 결합한다. 타인과 다른 나만의 이야기가 나온다. 내가 감동받은 포인트는 타인과 다르기 때문이다. 앞에서 언급한 '5분 반복 루틴'도 연결된다. 나의 목표와 할 일을 매일 지속적으로 도전하는 것이 가능한 것이다. 어제와 다른 나를 만든다. 세상의 기준으로 경쟁하는 나보다, 차별화하고 어제와 다른 차별화된, 유일한(only one) 나를 만든다.

몰입과 집중의 실천으로 독서와 글쓰기를 지속할 수 있다. 책과 가까이 지낸다. 그러면서 글을 한두 줄부터 써가는 것이다. 책에서 느낀 것들을 적는다. 나의 경험, 사고와 감정을 적용해 본다. 자신의 관점에서 바라본다. 그것을 표현해 본다. 글이 당장 어렵고 낯설다면, 말로 설명해 본다. 말을 글로 표현하는 것이 가능하기 때문이다.

최근 가장 많이 생각하는 것이 무엇일까? 가장 소중한 것은 무엇일까? 의미를 어디에서 찾을까? 질문을 스스로에게 던질 수도 있다. 그 외에 문법, 구성과 표현을 보완하면 된다. 무엇보다 5년 차 작가로서의 고민도 있었다. 이 부분을 독자가 필요로 할까? 내가 도움을 주도록 적고 있는가? 공감을 얼마나 이끌어 낼 수 있을까? 하는 것이다.

초등학교 고학년인 아들이 전에 필자의 책을 읽은 적이 있다. 어떤 점이 좋고, 다른 점은 아빠의 생각이 확실한 것이냐는 질문이다. 좀 더 구체적인 사례를 넣어야 하지 않느냐고 제안도 했다. 굳이 이런 내용이 필요한가라는 의견도 있었다. 우연인지 몰라도, 글쓰기 책에서 전문가가 이야기하는 것도 포함되어 있었다. 필자가 부족하여 개선하려던 부분도 들었다. 자신을 통과한 글이 나오려면 그만큼 글이 숙성되고 좋아진다. 평범한 6학년 학생의 의견이었다.

그럼에도 약간 놀랐다. 그렇다면 시중에서 중학교 1, 2학년 수준에 맞게 책을 쓰라고 했는데 그것도 쉽지 않은 것이다. 이미 요즘 시대의 초등학교 고학년도 수준이 꽤 높은 것이었다. 그게 제대로 지적한 것이 대부분 맞았다. 그때부터 쓰고 나서 독자의 관점으로 반복해서 읽고 고치곤 했다. 이 책 또한 수차례 수정하고 있는 것이다.

헤밍웨이가 명작『노인과 바다』원고를 200번 이상 고쳤다고 했다. 이처럼 수정과 보완이 도움이 된다. 결국 한 권의 책에는 그 필자의 생각과 감정이 드러난다. 어떤 스타일과 사고방식을 가졌는지도 알게 된다.

독서와 글쓰기는 밀접하게 연결되어 있다. 필자 역시 글을 쓸 때 사고를 확장하려고 한다. 점점 나 중심에서 상대방 중심으로 옮겨가는 것이다. 스토리가 인상적이었으면 좋겠다. 탄탄한 글을 쓰고 싶다. 필자가 매일 새벽독서와 5분 이상 글쓰기를 하고 있는 이유이기도 하다. "책을 읽지 않으면 평생 현재 수준에서 머문다."라는 경영 전략가 게리 하멜(Gary Hamel) 교수의 이야기에 공감한다. 필자의 경험으로도 몸소 깨달았기 때문이다.

정신적인 단계의 깨달음을 얻고 성숙해진다. 사실을 완전히 파악하고 나면, 육체적인 단계의 실행이 가능하다. 미국 시인이며 사상가인 랠프 월도 에머슨의 말이다. 독일 철학자이자 노벨 화학상 수상자인 프리드리히 빌헬름 오스트발트(Friedrich Wilhelm Ostwald)가 이야기한 성공한 사람의 공통점이 있다. 1) 긍정적 사고 2) 다독(多讀), 즉 많은 양의 독서이다.

다독을 하는 사람으로는 워런 버핏, 빌 게이츠, 스티브 잡스, 마윈, 오프라 윈프리, 김대중, 윤석금 등 다양하다. 국내 성공한 다른 기업인 중에도 독서가가 많다. 학력과 다독은 딱히 관계가 없다. 필자도 독서를 즐기고 있다. 이들은 학벌, 재능, IQ, 해외유학 등과 관계가 멀다. 많은 양의 독서, 창의적인 사고를 통해 뭔가를 이루었다. 진취적, 도전적이다. 집중적이다. 열의가 있다. 선택과 집중, 확장을 한다. 깊게 파보고(deeply dig) 파악한다. 기존의 것을 새롭게 연결한다. 질

타, 비판, 비난을 겁내지 않는다. 타협하지 않는다. 밀고 나
간다. 희망과 만족의 기준이 우선 자신에게 있다. 자기 확신
이 있는 것이다.

필자의 경험으로도, **독서를 하면서 그러한 자신감이 쌓인
다. 자기 확신이 생긴다. 공고해진다. 다양한 사례를 접하면
서 더 확실하다. 세상이 겁나지 않게 된다. 현실의 일에만 덜
덜 떨고 얽매이지 않게 되는 것이다.** 다양한 방법과 길이 인
생에서 늘 열려 있음을 알게 된다. 결국 중요한 것은 자신이
그것을 선택하느냐 문제인 것이다. 내가 선택하는 대로 미래
는 만들어지기 때문이다.

몇몇 피드백이 있었다. 책을 출간할 때, 완벽하게 문법을
개선해야 한다는 일부 국문과 출신의 지적을 받았다. 맞는
말씀이고 좋은 취지임을 안다. 다만 국문법이 부족해도 전공
자만 책을 쓰는 것은 아니라고 생각한다. 완벽함을 추구하다
가 결국 1권도 못 쓸 수 있다고 본다. 각자의 재능과 시각이
다르다. 장점을 더 살림도 좋아 보인다. 동기를 갖고 필자가
다시 책을 쓰는 이유이다. 몇 년간 다독을 했다. 300권, 500
권, 700권을 읽고 약간 자신이 바뀜을 느꼈다. 1,000권을 읽
고 책을 쓰거나 생각의 정리가 필요함을 느꼈다. 누적된 독
서를 통한 수많은 인풋과 생각의 흩어진 조각들을 연결하고
표현해야 했다. 1,200권, 1,400권의 책을 읽으니 그동안 읽

은 내용, 다른 분야들이 연결됨을 절실히 느낀다. 독서는 계속할 것이다. 그럼에도 책 쓰기는 중간중간 매듭을 짓는 행위 같다. 결실을 맺는다. 생각의 꼭지를 한 개씩 정리한다. 그리고 또 전진한다. 그러한 독서와 글쓰기의 단계는 희망을 준다.

독서와 사색을 통해서 사고의 범위를 확장하게 된다. 향후에는 일부 인문학자 조언대로, 한 가지의 책, 한 위인의 도서를 반복해서 천천히 읽고 더 사색해 보기로 한다. 다독, 빠른 독서와는 다른 깊이를 느껴보기로 한다. 독서를 하면 대응력도 강해진다. 어떠한 문제가 생겨도 그것을 해결할 방법이 다양해진다. 바로, 혹은 시간을 두고 처리할 수도 있다. 타인이나 상대를 불편하지 않게 마무리하기도 한다. 사고 확장을 통해서 여러 가지 접근법이 나오는 것이다.

그 밑바탕에 선함과 따뜻함, 희망과 꿈이 생겼다. 필자도 스스로 설정한 방향, 목표 그리고 마인드셋에 따라서 그 행동의 방법과 해결안이 달라지는 것이다. 독서는 다수의 상황에 대한 접근법, 사례 및 인문학적 소양을 높여준다. 이순신 장군도 비록 받은 교육은 많지 않았다. 하지만 늘 독서를 했다. 일본 해수에 관한 책을 읽고 연구했다. 육전의 진법인 학익진을 자신만의 방법으로 해전에 적용했다. 일본 해수 연구에서 얻은 통찰력과 그 진법을 창조적으로 재결합했다. 이는 독서와 사색에 기초한 것이다. 또한 백성과 나라 사랑이 바탕에 있었다고 본다.

3. 자기 계발에 부합, 시도

세종대왕의 반복 독서, 일론 머스크, 빌 게이츠, 마크 저커버그, 워런 버핏의 책 읽기는 유명하다. 성공한 분들이 독서를 계속하는 이유는 무엇일까? 일론 머스크도 어릴 때부터 동네 도서관의 책을 거의 다 읽었다고 했다. 성공한 사업가 중 일부는 대학을 중퇴했다. 하지만 독서를 지속하고 사랑한 것이다. 책을 통해서 상상력을 가졌다. 그리고 창조적 사고, 창의성을 반영한 아이디어를 사업에 적용한 것이다. 기존의 세상의 가치관과 기준을 따르려 하지 않았다. 자신이 꿈꾸는 세상, 변화와 새 흐름을 만들어 보려고 도전했다. 유일함(only one)을 위해서는 자신을 잘 관리해야 한다. 최상의 컨디션으로 건강과 정신을 유지해야 한다.

다독을 하면 책들의 내용이 서로 연결된다. 다른 분야의 주제라도 결국은 하나로 이어진다. 통합, 재편된다. 새롭게 보인다. 창조적인 부분이 추가되기도 한다. 필자가 전문적을 고민, 사색, 연구한 것이 한 권의 책이다. 과거와 현재가 이어진다. 여러 서적을 읽으면 결국, 그 다양한 세상의 생각, 사고와 지식이 통합, 연결된다. 몇 년, 몇십 년간 습득한 그들의 경험, 노하우, 지식, 삶의 지혜를 얻게 되는 것이다. 소크라테스의 이야기대로 책을 많이 읽으면, 타인이 고생해서 얻은 지식을 쉽게 내 것으로 만들 수 있다. 자기 발전을 이루게 된다.

독서가로 유명한 분들이 있다. 김대중 전 대통령은 약 18년간 감옥에서 몇천 권의 책을 읽었다고 한다. 갖은 고문, 신체적인 어려움 속에서도 독서로 버텼다. 진주, 청주 교도소에서 하루 9~10시간씩 책을 보았다고도 알려졌다. 학벌의 콤플렉스를 극복한 것이 독서였다. 그가 TV에 나와서 외국 정상들과 영어로 자유롭게 대화함을 본 경험이 있다. 인상적이었다. 영어사전으로 감옥에서 공부하셨다고 알고 있다. 이처럼 독서는 대단한 것이다. GE(제너럴 일렉트릭) 창업자 에디슨도 독서광이었다. 다양한 분야에 걸쳐 독서를 했다. 이들은 그를 통해서 지식, 창조적 사고, 상상력, 공감능력과 유연성을 갖게된 것이다. 이처럼 독서를 통한 혜택은 무궁무진하다.

4. 끝장을 보겠다, 지속적인 도전을 하겠다는 근성 보유

2003년에 여의도 전자회사 경력사원 면접을 봤다. 해외영업, 마케팅 분야이다. 필자는 영어 능통, 일본어 가능의 스펙이었다. 바로 옆의 지원자는 명문대 출신이었다. 우연히 알게 된 것이다. 영어 발표, 기본적인 Q&A를 봤다. 면접 말미에 '어쩐지 내가 채용됨이 확실하지 않은 것 같다'라는 느낌을 받았었다. 대기업이고 내가 선망하던 회사였다. 한강이 보이는 곳이다. 해외 몇십 개 나라에 진출해 있다. 꿈꾸던 곳이었다. IMF 이후에 채용이 별로 없다가 그나마 열린 경력사원 채용의 기회였다.

맨 마지막에 한 면접관이 끝으로 "질문이 있나요?" 하고 공통으로 물었다. 나는 나도 모르게 "다음 채용 기회가 또 언제인지 궁금합니다." 물었다. 그랬더니 그분이 "그건 왜 묻나요?" 말했다. 나는 "만약 이번에 잘 안되더라도, 다음에 다시 도전하려고 문의드립니다." 대답했었다. 그때가 기억이 남는다. 며칠 후 합격 통지를 받았다. 나중에 입사 후 회사에서 내용을 전해 들었다. 스펙은 타 지원자가 우수했거나 비슷했다고 한다. 그런데 마지막에 다시 도전하겠다는 것을 듣고 한 부서에서 뽑고 싶다고 말했다는 것이다. 적극성, 도전의지를 좋게 보았다는 이야기이다. 감사할 따름이다.

나는 사실 간절했다. 그래서 표현한 것이다. 그 이후 회사 생활을 20년 정도 더 했다. 지나고 보니, 학력이 회사의 성과와 결과물 창출에 무조건 큰 영향을 미친다고 보기는 어려웠다. 대부분 실력은 비슷했다. 기획, 전략 등 특정 부서의 인원 아니라면 입사 후에는 창의력, 응용력, 적응력, 인간관계, 보고능력, 리더십 등 다른 것들이 더 영향을 미치는 것으로 이해했다. 큰 차이는 실행의지, 열정, 꾸준함과 간절함의 경우가 많았다.

이런 것을 통해서 알게 되었다. 어떤 일을 하는지는 중요하지 않다. 어떤 직급, 자리는 크게 중요하지 않다. 나의 마음가짐과 업무를 대하는 자세가 가장 중요한 것이다. 이 생각은 30대 초반이던 2004년에 내가 느낀 것이었다. 업다운이 있지만 20년이 지난 지금도 그 생각은 동일하다. 나의 의지와 간절함이 상황을 바꾼다. 모든 것이 나에게 달렸다. 이것을 오늘도 나는 되뇐다.

5. 기억하고 시도, 도전하라

"후회는 우리를 인간으로 만든다. 실수 및 실패를 경험할 수 있다. 그를 통한 후회는 우리를 더 나은 사람으로 만든다. 모든 것에는 균열이 있다. 그래야 빛이 들어온다."

– 레너드 코헨(1992)

그렇다면 어떻게 하면 기억을 잘할 수 있을까? 실행해서 성공 확률을 높이는 방법은 무엇일까? 문서화된 목표가 실천으로 이루어진다. 목표를 구체적으로 적어 표현하면 성공률이 크게 증가한다는 통계가 있다. 할 일 목록을 작성하고 항상 지니고 다녀라. 지속적인 독백으로 목표를 심어라.

희망을 실천하는 사람들의 삶의 원칙

앞에서 희망을 품고 연속적인 시도, 도전의 사례도 살펴보았다. 그렇다면 절망에서 자신을 건져내고, 희망으로 나아가는 분들은 어떤 생각을 가지고 있는 것일까? 희망을 어떻게 실천하고 있을까? 경험, 가치의 증가, 자기 계발에 맞게 시도, 해내는 이들의 공통점을 알아본다. 이를 통해서 각자의 시야 및 생각이 확장될 수 있을까?

언제, 어떤 선택이
나를 만드는 것일까?

우리는 희망을 갖고 잘 살고 있는가? 한국인 삶의 만족도는 OECD(경제협력개발기구) 38개국 중 33위이다. 통계청의 '국민 삶의 질 2024 보고서'에 따른 2023년 삶의 만족도 조사이다. 10점 만점에 6.4점이다. 나는 스스로 되뇌곤 한다. 특히 작가로 책을 출간한 이후에 달라진 것이 있다. 글을 쓰면서 더욱 확신이 생겼다. 나에게 중요한 것은 마음을 깨닫고 이 속도가 나에게 맞는지 스스로 묻는 것이다. 주변의 흐름에 휘말려서 내 템포를 잃으면 안 된다. 내게 맞는 속도는 나만이 알 수 있다. 나를 가장 잘 아는 것은 자신이다.

내가 원하면 열심히 산다. 원하지 않으면 천천히 간다. 맞고 틀림이 없다. 다름이 있다. 세상의 변화나 트렌드를 꼭 따라가지 않아도 된다. 다행히 세끼 적당하게 먹고살면 이미 충분히 감사한 일이다. 현재 가진 것만으로도 충분하다. 위만 보지 말아라. 옆도 보고 다른 나라도 봐라. 희망은 작은 것에 있다. **"파랑새는 내 안에 있다. 오늘을 만끽하자."**

30대 초에 큰일을 겪었다. 자녀와 아버지와의 이 세상에서의 이별 건이었다. 아프고 힘든 것들이 몰려와서 힘들었다. 억울함도 많았다. 하소연할 수도 없었다. 이미 생명은 없고 상처만 남았었다. 시간이 15년 이상 지났다. 인생의 험한 것들을 몇 년 사이에 겪은 나와 아내는 그 당시 많이 비틀거렸다. 정신 차리기 어려웠다. 그럼에도 시간이 흘러서 보니 이젠 좀 달리 보였다. 나 말고 다른 사람들도 그동안 힘든 일을 많이 겪었다. 각자 모양과 형태, 강도와 정도만 달랐다. 누구나 말 못 할 고충과 아픔, 상처가 있다. 왜 나만 이럴까? 하는 아픔도 있다. 억울함이 공존한다.

우리의 인생에서는 희망과 낙담이 반복된다. 건강 이상, 사업 문제, 인간관계, 부모, 배우자, 자녀와의 고민, 친구 문제, 재정적인 고충, 실직 등 다양하다. 부모는 아이의 거울이다. 부모의 생활습관을 보고 자녀가 배운다. 말투, 행동, 사고방식 전반적으로 영향을 준다. 그렇기에 더 조심스럽다. 스스로 느낀다. 자신의 욕심과 기대를 낮추면 더 살기 편해진다. 불필요한 욕구와 욕망을 줄이면 속이 편하다. 마음을 비운다. 자신을 믿으면 자신감도 생긴다. 작은 것에도 고마워할 줄 알면, 감사할 게 많아진다.

그래도 목표는 늘 있다. 작아도 매일 실천하는 것이다. 뇌가 습관으로 받아들인다. 성취감도 나름 느낀다. 이렇게 현

재 가진 상황에서 최대한 깊이 감사하면서 하나씩 도전해 본
다. 비우고 낮아지면 희망이 생겨남을 알았다. 현재 상황에
서 깊이 감사한다. 도전하고자 하면 더 실천해 본다. 즐겁게
도전한다. 내가 소망하는 꿈과 비전, 목표를 적는다. 예를 들
어, 나는 작가로서 거듭나기, 10권 이상 출간해 보기, 많은
사람이 읽을 수 있는 책을 써보기 등이다. 시작은 미약하다.
하지만 나아지고 있다.

　25년 1월 출간한 『상처와 불안 이렇게 극복해!』도 서점가
에서 괜찮은 출발이었다. 전국 서점과 온라인에서 소개되었
다. 새벽기상으로 매일 독서와 글쓰기를 하고 있다. 즐거운
마음으로 알린다. 기대와 희망으로 실천한다. 베스트셀러에
대한 부담이나 강박관념은 없다. 자신만의 기준을 잡는다.
그렇게 되면 크게 부담을 갖지 않게 된다. 점차 즐기게 된다.
그것을 알게 되었다. 그 후속편으로 『내일을 걷는 용기』, 이
책으로 다시 만나는 것이다. 상처와 불안의 극복 후에 내일
을 걷는 용기를 갖고서 나간다. 불확실성과 막연함이 있어도
말이다.

어떻게 하면
내가 원하는 것을 만들어갈까?

철학자, 희망을 추구하는 사람들의 의견에 나는 공감한다. 통제할 수 있는 부분만 자신이 통제할 수 있음을 인정하는 것이다. 그 외의 부분은 내 마음대로 할 수 없다. 거기에서 스트레스를 받지 않는 것이다. 즉 질병, 명예나 건강, 재산을 스스로 통제할 수 없다. 아플 수도 있고 재산을 잃을 수도 있다. 마음이 불편해도 운명으로 받아들여야 한다.

욕심, 미움, 질투, 희망, 만족, 성품, 평안의 감정은 통제 가능하다. 통제할 수 없는 것을 원하고 가지려 할 때 희망은 멀어짐을 알았다. 스스로 괜히 마음고생만 하게 된다. 성숙해질수록, 우리는 희망과 낙담이 자신에게서 기인됨을 알아간다고 본다. 그것을 알면, 굳이 타인을 원망하거나 부러워하는 것이 줄어든다. 인간의 욕망과 비교 속성의 유혹에서 벗어난다. 그러면 우리는 희망에 가까워진다.

사고가 정립되면 마인드 컨트롤이 된다. 영혼이 자유롭고 타인의 것을 원하지 않는다. 나의 희망을 샘솟게 하는 것과

통제 가능한 것에 집중한다. 번잡한 것에 힘과 에너지를 빼앗기지 않는다. 필자 역시 그 부분을 항상 고려한다. 지나친 것을 삼가려 한다. 내가 소중하게 여기는 것, 꿈을 적어본다. 날마다 그것에 한 발짝씩 근접하는 실천을 한다. 그것이 가장 현실적으로 희망을 채워가는 방법으로 이해했다.

어제의 나보다 희망을 갖는 것이 오늘의 나이다. 비록 문제가 생기고 불편이 언제나 생길 수 있다. 그럼에도 그것을 받아들이는 나의 태도와 방식, 생각에 따라 심각하지 않을 수 있는 것임을 깨닫는다. 현명한 사람들은 이익, 손해나 희망, 낙담이 자신에게 시작됨을 받아들인다. 누군가 나에게 불이익, 피해를 줄 수도 있다. 그래도 그것으로 나에게 상처는 주지 못한다. 그것은 내가 결정하는 것이기 때문이다.

이렇게 희망을 가지고 내일로 걷는 길은 간단하다. 나의 의지를 벗어나고, 통제가 어려운 것에 대한 나의 근심과 걱정을 멈추는 것이다. 내가 통제할 수 있는 부분만으로 즐겁고 희망으로 채워가는 것이다. 이것이 내가 생각하는 희망과 즐거움이다. 소크라테스, 쇼펜하우어, 전문가들이 오래전부터 이야기한 것을 나도 이해하게 되었다.

나는 왜 나 자신을 싫어하고 쓸모없이 여길까?

'자아존중감'은 내가 사랑받는 존재로 느끼는 믿음이다. 그러므로 지극히 주관적이다. '자기 효능감'은 스스로 쓸모 있다고 생각하는 것이다. 자존감과 연결된다. 자신을 존중하고 쓸모 있다고 여기는 것은 중요하다. 이를 통해서 건강한 마음, 자신감을 가질 수 있기 때문이다. 자신에 대한 믿음은 어떤 행동을 할 때의 동기가 된다.

필자 역시, 독서와 운동, 5분 반복의 실행을 통해서 이 두 가지 감정이 개선되었다. 이것이 새로운 변화 도전을 위해서 꼭 필요한 것이다. 필자의 경험으로도 믿는 대로 일이 되는 경우가 많다. 생각과 예단의 힘이 놀랍기만 하다. 즉 나의 희망이 나의 마음에 달려 있다. 과거에 일어난 일은 어차피 바꿀 수 없다. 상처와 실패, 아픔의 기억은 잊는 것이 최고이다. 현재는 작은 것에 고맙게 여기면 희망이 온다. 크고 거창한 것이 아니다. 지금 내가 이미 가진 것, 누린 것, 주위의 사람들을 돌아본다. 몇 년 전의 나를 돌아보기도 한다.

초중고 학생 시절에 경기도 안성시에 거주했다. 집에 오다 보면 약 5~10분 거리에 S보육원이라는 곳이 있었다. 거기에는 같은 반이나 학년의 친구들이 몇 명 있었다. 어떤 사정에 의해서 부모님을 여읜 친구들이 있던 곳이다. 학년은 같은데 나이가 한두 살 많은 형도 있었다. 어느 날 보니 미군들이 헬리콥터를 타고 보육원을 방문했다. 넓은 공터였는데 이착륙 때 흙먼지가 그렇게 나는 것을 처음 가까이서 보게 되었다. 아이들에게 인형, 장난감, 초콜릿, 과자 같은 선물을 나눠주고 있었다. 그들 중 일부는 여름에 동네의 물이 고인 방죽에서 호기롭게 다이빙하고 수영하며 놀기도 했다.

보육원의 친구 중에 A나 그 형은 운동도 잘했다. 싸움도 잘해서 웬만한 친구들은 다 이겼던 것으로 기억한다. 다만 애들이 군것질하거나 장난감을 가지고 놀 때는 부러운 듯 쳐다보던 것을 기억한다. 아마도 일반 가정의 아이들보다 용돈이 부족했을 수 있다. 그들에게는 아무 잘못도 없다. 부모와 떨어진 것은 필자 혹은 그 누구나가 될 수도 있었다. 운명적이다. 통제 불가능한 일이 그들에게 일어난 것이었다. 약 35년, 40년 전의 기억이다.

얼마 전에 고향에 갔다가 그중 한 친구를 우연히 봤다. 어떤 가게에서 봤다. 그때는 이름이나 누군지 정확히 기억이 안 났다. 집에 와서 생각해 보니, 그때 S보육원의 'D'라는 친구 같았다. 여전히 뭔가 하면서 잘 지내 보여서 반가웠다. 부모님 없이 친구도 이 험한 세상을 혼자 잘 살아왔구나. 대단하다. 고생했다. 장하다. 그런 생각이 들었다.

사춘기 시절, 아버지 음주로 나도 방황한 적이 있다. 그 당시는 괴롭고 힘들었다. 어른이 되고 보니, 그나마 나는 부모가 있어서 희망이 가득했다. 보호받았다. 학용품을 사 주셨다. 학비도 내주셨다. 밥도 먹을 수 있었다. 집에 와서 잘 지낼 수도 있었다. 주변에 친구도 있었다. 완벽하지 않아도 말이다. 그때는 그렇게 생각을 못 했다. 없는 것, 부족한 것을 생각했다.

작고 소중한 것들이 있다. 건강, 가족, 친구, 기회, 시간 모든 것이 고맙다. 또한 내가 누군가에게 작은 도움이라도 줄 수 있다면 좋다. 작은 일에도 감사할 것들을 찾으면 더 희망이 가득해진다.

문득 찾아오는 고난과 역경, 시련에는 맞서고 싸운다. 절대 쉽게 받아들이고 용납하지 않을 것이다. 나 자신은 내가 지켜야 한다. 희망을 갖도록 해야 한다. 늘 그랬듯이 인생에 문제가 발생해도 통제 불가능한 것이면, 빨리 털고 잊어버리는 것이 현명한 것임을 깨우친다.

죽음에 관해서 여러 번 생각해 보았다. 철학 강의도 들어봤다. 노인들의 삶의 마지막에서의 모습과 심리도 살펴봤다. 사회 통념상 언급하지 않는 것이 죽음이기도 하다. 그에 따라 삶과 죽음에 대한 나의 생각도 바뀌었다. 살아 있을 때 좀 더 자주 표현하자는 것이다. 언제 어떻게 될지 모른다. 갑자기 사고로 가족들과 이별할 수도 있다는 것을 느꼈다.

얼마 전 아내와 아이가 며칠간 홍콩 처형에게 다녀왔다. 방학 중에 처음으로 초대를 받아 놀러 간 것이다.

아내와 나는 몇 년 전에 이미 홍콩에 다녀온 적이 있었다. 아랍에미리트에 살 때, 처형 딸인 조카가 집에 놀러 온 적도 있었다. 십여 년 전에 내가 아내와 싱가포르에 주재할 때도 처제, 장모가 다녀가신 적이 있다.

필자의 아들은 유아기에 두바이-한국 국제선 비행기를 타 봤다. 정작 자신은 기억하지 못하는 것이 당연하다. 아들이 서너 살 때 타국에서 한국으로 휴가 때 이동하는 길이었다. 지상 약 10,000m 이상의 높이였다. 심하게 흔들림이 지속되었다. 어린아이는 "아빠, 밖에 나가자." 외쳤다. 하늘 위 그것도 고공 운항 중이었다. 어린 나이이고 비행기를 처음 타서 분간이 안 갔을 것이다. 인생은 뜻하지 않은 상황의 연속이다.

최근에 아들이 홍콩에 갈 때, 필자는 몇 가지 설명을 해주었다. 하늘로 날아서 이동을 하면 가끔 심하게 흔들릴 수 있다. 항공기가 이륙하고 착륙할 때, 간혹 공포감도 느낄 수 있다. 혹여 승객 중에 아픈 사람이 생길 수도 있다. 인생에서는 늘 예상치 않은 일이 생길 수 있다.

아빠, 엄마가 과거에 유럽 여행 때, 스페인으로 여행을 한 적이 있다. 항공기에 탈 때 짐을 수화물로 보냈는데, 당일 도착하지 않았다. 그래서 호텔로 가서 옷도 못 갈아입은 적이 있다. 중동 출장 중 심한 모래바람으로 비행기가 안전 문제로 착륙을 못 하고 회항한 적도 있다. 공항에 약 이틀 머물고 항공사에서 호텔을 제공해서 지내기도 했다. 기상 여건 악화는 사람이 통제할 수 없는 범위이다. 아빠가 과거 여러 나라 출장을 다니다 보면, 그런 경우가 여러 번이었다. 그 경험 이후, 꼭 필요한 몇 개 짐은 기내 가방에 들고 탄다. 늘 어떤 문제가 생길 수 있다. 당황하지 말고 대응하면 된다. 내가 통제할 수 없는 것에 크게 얽매일 필요 없다. 불평하지 말고 받아들이면 된다.

필자도 쇼펜하우어와 엘리자베스 퀴블러 로스의 책『상실 수업』을 통해서 이러한 생각을 더 하게 되었다. 만약 홍콩에 잘 다녀온다면 그 자체로 감사한 일이다. 비행기 사고가 나면 대형 사고일 수 있다. 그러한 사고 없이 안전하게 다녀오면 축복인 것이다. 그런 긍정의 측면을 봐야 한다고 설명했다. 그리고 안아주고 보냈다. 다행히, 그리고 감사하게도 며칠 후 아내와 아이는 무사히 돌아왔다.

늘 예상치 못한 사고, 사건이 일어나는 게 인생이다. 그런데 누군가 어떤 일이나 사고가 언제든 일어날 수 있다고 이야기해 주는 것은 도움이 된다. 그랬을 때, 당황하지 말고 어떻게 하라는 설명만 들어도 덜 혼란스럽다.

난 죽음에 대해서도 이야기하는 게 맞다고 생각한다. 금기시하다가 누군가 소중한 사람과 헤어진 후 이야기하곤 한다. **나 또한 예상치 않게 오늘 갑자기 죽을 수도 있다. 그렇게 생각해 본다. 오늘이 더 소중하다. 짧고 아쉽다. 값진 시간, 상황이 더 많다. 곧 죽는다고 생각하면, 모든 것이 더 귀하고 소중하게 느껴진다.** 남들이 작고 하찮게 느끼는 것도 나에게는 소중하게 여겨질 수 있다. 마지막이기 때문이다. 떠나면 더 이상 만날 수 없다. 만질 수도 없다. 대화할 수도 없다. 오늘과 현재의 의미가 값지게 느껴진다.

나의 희망의 마음은 내가 주관한다. 오늘 하루, 소중하게 생각하기로 한다. 오늘 죽는다. 마지막일 수도 있다고 생각한다. 그러면 나쁜 일, 부정적인 것은 생각하지 않게 된다. 작고 소중한 것에서 감사를 느낀다. 우리의 인생은 짧다. 고맙고 감사한 마음으로 채운다. 활력, 생동감을 가지고 나의 꿈과 비전을 바라본다. 작은 실행을 매일 해 나간다. 사랑을 주고받는 사람들과 관계를 지속한다. 좋은 사람과 주로 시간을 보낸다. 공감, 기쁨, 희망과 용기, 축복, 도움을 주는 말과 행동을 하는 사람들이다. 그런 사람이 주위에 있게 한다. 긍정의 인물들이다. 독서와 글쓰기, 새로운 도전을 하는 사람이 옆에 있으면 더할 나위 없이 좋다. 인생을 작은 희망과 현재의 감사로 채우니 기쁨이 커진다. 이미 뿌듯하다. 나의 가진 복을 세어 본다. 웃음과 희망, 기쁨이 늘 가까이 있게 한다.

출처: 그림작가 이범섭

남들과 똑같은 나는
어떻게 바뀔 수 있을까?

우리의 차별화와 창의성이 미래를 결정하곤 한다. 경험과 지식을 새롭게 결합한다. 지금 있던 것들을 재배치한다. 거기에 나만의 생각, 새로운 것들을 추가한다. 이전에 연결되지 않은 것, 겉보기에는 이어지지 않은 것들을 합친다. 그것이 창의력이다.

기존의 체계나, 보편타당한 논리를 부정할 수도 있다. 현재 상식의 탈피와 붕괴가 있다. 그 속에서 새로운 탄생을 본다. 독서와 글쓰기를 통해서 필자 역시 이 부분을 추구한다. 차별화와 기존과 다름을 지향한다.

필자는 학창 시절부터 평범했다. 혹은 대체로 고지식하고 조용한 모습이었다. 30대에 여의도 전자회사를 다닐 때도, 열심히 일했지만 창의력이 부족했던 것 같다. 초반에는 눈치 보느라 새롭게 뭔가 추진하기 어려웠다. 대리 직급으로 튀는 행동은 적성에 맞지도 않았다. 과장 이후에 적극적, 도전적인 면은 더 진화했다. 그럼에도 돌아보니, 창의적이지 못했다.

전략가, 뛰어난 분들의 계획을 따라 하는 데 집중했다. 그것만 해도 바쁘고 정신없었다. 연계해서 할 일이 많았다. 담당자 역할과 노력, 창의적 발상, 적극적 실행, 설득력, 소통과 교섭 능력에 따라서 성과를 더 낼 수 있었다. 설정한 계획대로 실행하고자 했다. 거기에서 자신만의 것을 더 추가하고 도전했다면, 창의적인 면이 더 있었을 것이라는 아쉬움도 남는다. 고객사, 거래처에 시즌 마케팅, 기존에 없는 프로모션 제안을 해줄 수도 있었을 것이다. 그랬다면 더 좋은 경험이었을 수도 있다.

기존의 경험과 지식을 새롭게 결합한다. 창의력은 겉으로 보기에는 연결되지 않은 것들을 결합, 재편성하는 능력이다. 기존의 것과 다르다. 앞으로 나의 남은 인생에서는 이 점을 늘 고려한다. 차별화한다. 창의적으로 사고, 행동한다. 남들 의식을 하지 않는다.

앞으로 더 이상은 무난함, 평범함만으로는 살지 않기로 다짐한다. 타인에게 도움을 주는 것이면 더 좋다. 누군가에게 간섭하고 관여하지는 말아야 한다. 차별화, 창의성의 근본은 희망, 즐거움과 사랑이다. 그를 추구한다.

나는 무엇을 정하고
개선해 나가야 할까?

삶에서 이루고자 하는 것이 무엇일까? 가장 소중하고 간절한 꿈이 무엇인가?

죽음 체험 프로그램에 대한 다큐멘터리를 본 적이 있다. 관 속에 들어가 누워 있다가 온 사람들은 느낌이 완전히 다르다고 말한다. 언제든지 죽을 수 있다고 생각하면 바뀐다는 것이다. 자신의 목표를 구체적으로 적는다. 그것을 아침, 저녁으로 읽고 선포하면 뇌가 그것을 기억한다. 의욕과 에너지를 목표에 맞게 사용하게 된다. 최대한 구체적으로 적어 보는 것이다. 도전과 긍정의 기운이 스스로를 더 풍성하게 한다. 설렘과 동기부여의 마음이다. 즐거움과 활기, 성취하려는 욕구를 새롭게 해준다.

나는 팔 굽혀 펴기, 걷기, 달리기, 독서, 글쓰기를 정했다. 매일 5분씩 계속되는 시도, 반복의 도전으로 가볍게 시작한다. 익숙해지니 지속시간이 길어진다. 자신을 믿고 존중하게 된다. 주변에는 긍정, 희망과 도전의 태도나 기운을 가진 사람들로 채우려 한다. 약간 적게 먹고 몸은 더 움직이면서 건강을 유지하는 것도 방법이다. **어떤 생각, 감정을 가지고 있을까? 어디로 어떻게 나아갈지 스스로 정한다. 목표를 세우고 나간다. 희망이 마음의 상태와 연결되어 있다.**

필자는 1년 전에 갑자기 탈장이 되어 서울 모 병원에 갔다. 수술대 위에 온전히 벗겨져서 의사, 간호사와 나만 있었다. 천장의 등불이 어찌나 밝던지 눈이 부셨다. 수술용 칼로 탈장 부위 위쪽을 의사가 베어 내려갔다. 그리고 잠이 들었다. 깨어보니 수술은 잘 마쳐져 있었다. 그리고 며칠 동안 조심하면서 눕거나 걸었다. 혼자 수술대 위에 누워 있을 때의 심정이 기억난다. 간단한 수술이지만, 나로서는 처음 해보는 것이다. 수술 이후 며칠 만에 출근했다. 사소한 것이 더 소중하게 느껴진다. 내가 마음먹고 좋게 생각하면 작은 것에도 고마움을 느낀다. **어떤 생각과 감정을 갖는지, 어떻게 나아갈지를 내가 정한다. 어떤 목표를 세우고, 어떻게 나가는지 내가 생각하는 대로 나의 모습이 결정되는 것이다.**

나의 희망도 마찬가지이다. 나의 마음 상태와 연결된다. 똑같은 회사 생활인데, 수술 후에는 더 고맙게 느껴졌다. 마음먹기와 노력에 따라서 희망과 기쁨이 결정된다. **심리학, 행동 전문가들은 말한다. 우리가 생각하는 고난과 어려움은 실제가 아닌 경우가 많다는 것이다. 우리 스스로 생각하고 받아들**

이는 것일 뿐이다. 나 역시 과거에 해보지도 않고 안 되는 이유부터 찾을 때가 많았다. 주변에서 만류했기 때문이다.

복싱학원을 다닐 때도 나이 먹고 되겠느냐고 주위에서 이야기하곤 했다. 책을 꾸준히 읽을 때도 그랬다. 노안이 오는데 뭐 굳이 책을 읽느냐고 지인이 말했다. 요즘은 유튜브에 없는 내용이 없다고 이야기하기도 했다. 왜 고생해서 책을 쓰느냐는 것이다.

필자는 가능하면 글을 펜으로 쓰려고 한다. 하얀 종이 위에 적어 보는 것이다. 80대 초반의 어머니가 댁에 가면 노인대학에서 쓰고 있는 노트가 있다. 거기에 문장을 몇 개씩 써서 제출하는 과제가 있다. 매번 다른 표현으로 적어서 내는 것이다. 가끔 만들기나 그리기 수업도 있다. 어머니와 동네 할머니들이 문화센터나 노인대학에서 하는 것들은 손을 쓰는 것이 많다. 치매 치료에도 손으로 뭔가를 만들거나 쓰는 것이 도움이 된다고 한다. 전문가들의 연구에 의하면, 우리의 목표도 손으로 쓰면 효과가 커진다. 성공의 가능성이 35~40% 높아진다는 결과가 있다.

목표 내용을 자주 읽을 때 효과가 커진다. 일상에서 필자의 경험으로도 내 생각만 명확하면, 사소한 것에 흔들리지 않는다. 혼돈을 최대한 피하게 된다. 목표에 점차 근접하는 활동을 하게 된다. 여러 가지 경험을 하면 인생이 결국 더 풍요함을 깨닫고 즐겁게 살 수 있는 확률이 높아진다. 사고가 확장되고 지혜가 생기기 때문이다.

불쑥 찾아오는 안 좋은 일, 작은 사고, 실패나 좌절은 최대한 일시적인 것이라고 여긴다. 지극히 제한되는 개별 건이라고 생각한다. 인생은 늘 롤러코스터처럼 오르락내리락의 반복임을 기정사실화한다. 받아들인다. 그것이 예상하지 못한 특별한 불행이나 고난이 아니라고 생각한다.

그러한 나의 마음이 가장 중요하다. 부정적인 생각, 불필요한 불안, 불쾌함, 스트레스를 주는 상황과는 적당한 거리를 둔다. 우리 인생은 놀이공원의 롤러코스터같이 변화무쌍하다. 그래도 다행히 놀이기구에는 안전벨트와 안전바가 있다. 무섭고 두려운 순간마다 슬픔에만 빠져 있을 것인가? 오히려 그것을 즐기고, 기쁘게 소리칠 것인가? 이는 나의 선택이다.

두려움과 불안, 슬픔, 고통을 느끼는 것은 인간의 자연스러운 모습이다. 생존을 위한 뇌의 작용이다. 윈스턴 처칠의 이야기처럼, 적들이 압도적인 힘으로 쳐들어와도 절대 굴복하지 말자. 필자 역시 어떤 것에도 포기하고 굴복하지 않으려 한다. 그것은 일시적이고 제한적인 안 좋은 일이다. 이 또한 지나간다. 그렇게 생각한다. 좋은 것이 곧 찾아오려 기다리고 있다고 외친다. 대부분의 성공하는 사람들도 이 상황을 그리 넘겼다. 나의 의지로 이룬다.

글쓰기와 출판과 관련해서 지인들의 조언은 고마웠지만, 때로는 도움이 되지 않는 경우도 있었다. 뭐 굳이 비수기인 출판업계에 책을 내느냐는 것이다. "요즘 누가 오프라인 책을 읽는가." 꼬집는 지인도 있었다. 80%는 부정적이었다. 온라인으로 읽기에 종이책은 한물갔다고도 했다.

하지만 나는 뜻을 굽히지 않았다. 그들의 생각과 다르기 때문이다. 나의 가치와 꿈도 같지 않다. 각자의 꿈, 판단 기준은 다를 수 있다. 결국 내가 선택하면서 사는 인생이라는 생각이 들었다. 자연스럽게 부정과 반대의 의견을 내는 사람들과는 그 건으로는 멀어진다. 오히려 독서를 해서 도움을 받은 사람들의 이야기를 찾는다.

책을 출간하고 제2의 인생을 찾은 사람들의 이야기를 접한다. 글쓰기로 과거의 아픔과 상처를 치유한 사연을 듣는다. 공감한다. 하루하루가 자신이 선택한 결과라는 것을 깨닫는다. 나에 맞는 흐름, 방식을 찾아간다. 적성과 기쁨, 즐거움 거리를 맞추어 간다. 작은 반복의 활동으로 소소한 희망이 모인다.

2024년 겨울에는 몇 차례 눈이 많이 내렸다. 내가 사는 경기 평택, 안성 지역도 마찬가지이다. 눈이 많이 내려서 평소 차량으로 25분 거리의 출근길에서 3시간을 보내기도 했다. 제설작업도 열심히 했다. 몇몇 젊은 직원들이 점심시간에 눈을 뭉쳐서 굴려보았다. 잠시나마 동심으로 돌아간 얼굴들이었다. 금세 큰 눈덩이가 되었다. 눈사람을 두 개나 만들고 장식했다. 작은 눈덩이가 굴려져서 어느새 큰 눈사람이 되는 것을 보았다.

아주 작은 하루 5분의 반복이 쌓여서 실력을 만든다. 결실이 된다. 우리 인생은 순간마다 선택하고 도전해 가는 것이다.

돌아보니 결국 대부분이 나의 판단과 결정에 달려 있었다. 현인, 선인들의 이야기대로, 무언가에 실패하는 것보다 아무 시도도 하지 않을 때, 부정적인 결과가 더 컸다. 내가 과거에 대해서 후회하는 부분은 실패한 것이 아니었다. 망설이거나 회피한 기억이었다. 그러면서 작은 시도를 피하거나, 도전하지 않은 것이었다.

발전 없는 현실에서
어떻게 벗어날까?

어떻게 하면 현실에 안주하지 않고 앞으로 나아갈 수 있을까?

하루하루 반복되는 작은 도전으로 가능하다. 필자가 시작한 독서, 글쓰기는 하루 5분으로 출발했다. 팔 굽혀 펴기와 걷기도 하루 5분으로 시도되었다. 달리기도 하루 5분으로 시작했다. 매일 5분씩 시도, 도전하는 삶의 루틴이 습관이 된다. 우리의 삶은 행동의 결과이며 습관이 모여서 나를 만들어 간다. 작은 하루 5분이 모여서 30분 이상의 진행도 무리가 없어진다. 그 이상도 점차 가능해진다. 작은 시작이 의미가 있는 이유이다. 목표가 생기면 활력이 있다. 작은 실행을 하면 성취감이 있다.

우리 마음은 미래가 불안하거나 현실에 정체되어 있는 느낌일 때 힘들다. 그것을 타파하면 좋다. 필자는 독서와 글쓰기가 그것을 없애 주었다. 그리고 매일 5분의 실행이 변화를 일으켰다. 중학교 이후 글쓰기를 하지 않았다. 그 이후에 30

여 년 만에 다시 시작한 것이다. 하루 5분 반복 루틴과 도전이다.

몇 년 전에 필자도 목표를 세웠다. '살아 있는 동안 10권 이상의 책을 써보자.' 불가능해 보이던 꿈이 성취되고 있다. 25년 1월『상처와 불안 이렇게 극복해!』를 출간했다. 그 후속으로 이번 책『내일을 걷는 용기』를 쓰고 있는 것이다. 이러한 도전이 하루 5분 도전으로 시작된 것이다. "티끌 모아 태산", "부자는 작은 돈부터 철저히 계산한다." 이런 표현이 이제는 와닿는다. "천 리 길도 한 걸음부터" 표현이 맞다고 여겨진다.

앞에서도 몇 번 언급했지만 필자는 군대 시절, 강원도 화천 전방부대의 예비연대에 있었다. 행군과 훈련이 많았다. 이등병 때로 기억된다. 무거운 군장과 M60 기관총을 메고 혹한기(酷寒期) 훈련 중이었다. 사단장이 바뀌고 첫 훈련이었다. 3박 4일간 걷다 뛰다가를 반복했다. 영하 10도 전후로 날씨도 무척 추웠다. 강원도의 산은 험한 곳이 많다. 체력이 달렸다. 이러다 죽을 것만 같았다. 낙오하기 직전까지 간 상황이 몇 차례이다. 무엇보다 군장이 무거웠다. 거기에 기관총이 10kg이 조금 넘었다.

동기가 갑자기 허리가 안 좋다고 했다. 그래서 얼떨결에 기관총 부사수를 필자가 하게 되었다. 얌전히 학교만 다니던 필자였다. 물론 축구를 좋아해서 하체 힘은 있었다. 그래도 완전 군장, 기관총을 합치면 30kg은 될 것이다. 이등병이고 군대 생활에 적응이 덜 된 초기였다. 아직 기초 체력도 부족했다. 행군하다가 처지면, 선임이 말했다. "앞사람 뒤꿈치만 보고 걷는다." "정신 차려!" "한 발씩 앞으로!" "절대 앞사람 발뒤꿈치에서 떨어지지 마라." 그런 말들이 기억난다. 그래서 결국 앞사람 발만 보면서 한 발씩 행군했다.

훈련 중 화천의 산을 오르다가 낭떠러지를 지날 때였다. '와, 이래서 사람들이 괴로우면 뛰어내리는구나.' 처음 느꼈다. 선임이 뒤에서 낙오하지 말라고 개머리판으로 나를 툭탁치면서 격려할 때였다. 어떻게 지났는지 가까스로 3박4일 훈련을 마쳤다. 다행히 부상 없이 넘겼다. 그때 알았다. '앞사람 발뒤꿈치만 보고 걷는 것이구나.' '작은 것 한 개씩 하는 것이구나.'

5분 반복, 작은 실천이 목표를 이루게 한다. 성과와 기적을 만들어 내는 시작이다. 자신만의 꿈과 희망을 향한 작은 발걸음을 시작할 수 있다. 작은 걸음으로 가능하다. 그것은 나만의(only one) 것이다. 꿈이 있으면 고난과 시련이 와도 견뎌 낼 수 있다.

시간 관리에 대한 에이브러햄 링컨의 명언이 있다. 성공하는 사람들은 늘 먼저 큰 그림을 그린다. 실패하는 사람들은 생각 없이 바로 일에 착수하는 습관을 가지고 있다. 즉 아주 작은 습관의 차이가 성패를 가른다는 것이다. 필자 역시, 어떤 일을 시작하기 전에, 충분한 리서치와 계획을 함이 얼마나 중요한지 생각하게 된다. 희망을 마음속에 품고 작은 실천을 반복하면서 앞으로 나간다.

희망을
지속하는
습관 만들기

절망하고 좌절하는
이유는 무엇일까?

희망이 없으면 낙담하기 쉽다. 꾸준하게 희망을 유지하는 활동을 해야 한다. 독서의 장점 중에 읽기 능력 향상이 있다. 다독(多讀)하면 문장력, 어휘력에 도움이 된다. 문법, 철자 쓰는 것도 개선된다.

필자도 다독하면서 달라진 것들이 있다. 책을 방, 서재, 거실, 화장실에 놓았다. 수시로 다른 책을 쉽게 읽을 수 있다. 거실과 방에 책장을 두었다. 책들로 채워간다. 청소년인 아이도 필자가 책을 읽는 모습을 자주 접한다. 저녁에 퇴근 후, 잠자기 전 대부분 독서하고 있다. 서로 만나서 이야기할 때, 한 손에 책을 들고 있는 모습을 자녀가 많이 보았다. 주말이나 평일에 도서관에서 책을 빌리고 반납하는 경우도 자주 있다.

커가면서 아이는 친구들과 PC방에 가는 재미와 유혹에 빠지기도 한다. 단체로 어울려서 게임하는 맛이 있음을 이해한다. 그럼에도 아이의 잠자는 방, 거실과 책상에 역시 자신의 책이 있다. 책이 가까이 있는 환경이다 보니 독서가 더 친숙하다. 읽기, 쓰기 능력에는 책을 소리 내어 읽는 것도 도움이 된다고 한다. 가끔 나도 몇 줄 소리 내어 읽어본다. 좋은 구절을 암송하고 싶기 때문이다. 이러한 독서의 습관은 언어 실력에 도움이 된다. 날마다 꾸준하게 독서함은 좋은 습관이 된다.

우리는 지식을 쌓고 경험을 쌓는다. 독서를 통해서 다양한 지식을 알게 된다. 그러한 지식과 경험이 어우러진다. 다양하게 모이고 구성된다. 재편되고 가치를 더한다. 창조력과 상상력을 통해서 핵심을 뚫는 것이 새롭게 나온다. 우리 사고의 확대와 발전 가능성은 무한하다. 대단하다.

아주 드물게 글을 보고 스스로 감탄할 때가 있다. '이런 훌륭한 말을 내가 쓰다니 말도 안 돼.' '과거에 읽은 책의 구절들이 내 머릿속에서 혼합되어 새롭게 튀어나왔네.' 혼자 중얼거린다. 그래도 기분은 좋다. 고전과 책 속의 위인은 참 대단하다는 것이다. 부족한 나를 이렇게 독서와 사색으로 바뀌게 도와주었으니 말이다. 순수하게 필자가 썼다고 보기 어려울 때도 많다. 타인들의 다양한 글과 지혜, 경험을 읽고 느낀다. 그리고 사색한다. 걷거나 운동하며 되뇌어 보기도 한다. 그러면 문득 창조적인 생각이 떠오른다. 나의 상상력과 감성이 독서 후에 스스로 연결되고 재편되면서 만들어진 것이다.

아인슈타인처럼 뇌를 잘 이해한 과학자도 상상력을 높게 봤다. 어쩌면 성공의 비결은 즐기는 것이기도 하다. 자신의 재능을 찾고 누리는 것이다. 필자 또한 도전과 변화를 두렵게 여기지 않는다. 받아들이려고 한다. 독서와 글쓰기, 사색을 통해 나아간다. 정답을 찾고 앞으로 나아가려 한다.

빅터 프랭클(Viktor Frankl)은 강제 수용소에서 삶의 의미와 인간의 존엄성을 연구했었다. 자신이 생존할지, 조만간 죽임을 당할지 전혀 예측 불가했다. 한 치의 앞도 모르는 상황이었다. 그의 이야기대로, 사람에게 긴장이 없는 상태가 결정에 영향을 미치는 유일한 것이 아니다. 삶에 대한 강한 애착과 의지가 있으면 된다. 생존의 목표가 분명하면 견뎌낸다. 버텨낼 목표를 잡고 계속 싸워 나가는 것이다. 어렵고 힘든 18년의 감옥 생활을 한 김대중 대통령의 경우도 마찬가지였을 것이다. 남아프리카공화국의 넬슨 만델라 대통령의 27년간의 감옥 생활도 마찬가지이다. 꾸준히 사색하고 자신의 생각을 기록한다. 이러한 일상의 반복이 자신을 성장시킨다.

필자는 과거에 인도를 약 40번 방문해 봤다. 뉴델리, 뭄바이, 콜카타 등지이다. 전자회사를 다닐 때, 담당자로서 IT가 강한 벵갈루루(Bengaluru)도 가보았다. 시장조사를 한 것이다. 몇 년간 인도 담당을 하다 보니 현지 친구, 지인들이 다수 있었다. 싱가포르 대학원 시절에도 동기 중에 인도인들이 5~6명 있기도 했다. 구글이나 마이크로소프트를 포함한 세계적인 기업에 근무하는 인도인들이 꽤 있다. 이들은 우수한 IT

인재들이다. 그들 중에 토론을 잘하는 친구들도 있었다. 인도 출장을 가서 현지에서 미팅하면서 느꼈다. 또한 나중에 유럽에서 인도인과 협의하면서도 유사하게 생각이 되었다.

그런데 리서치를 보면 실제로 인도인의 평균 IQ는 그리 높지 않다고 한다. 일부 인원을 제외하면, 오히려 평균보다 낮은 사람들도 많다는 것이다. 그럼에도 그들의 교육은 차별화되어 있는 것 같다. 정답보다 과정에 중점을 두는 교육 시스템이다. 거기에 적응한 그들이 우수한 인재가 되는 것이다. 지속적인 논쟁과 토론, 협의를 거친다. 이러한 교육법이 우리와 다르다.

독서는 인생의 여러 가지 상황에서 중심을 잡아줄 지혜를 준다. 독서와 학습으로 뇌가 자극을 받는다. 나의 마음과 생각이 드러난다. 이스라엘의 하브루타 교육 방법과도 통한다. 파트너 중에 이스라엘 사람이 있었다. 그들과 나는 몇 년간 회사 일로 거래했다. 몇 번은 텔아비브에 갔다. 다른 이는 팔레스타인에서도 만났다.

이스라엘, 팔레스타인 지역

서울에서도 추가 협의를 하곤 했다. 그럴 때 그들이 제시한 어젠다(agenda)는 참 다양했다. 2006년에도 텔아비브에 전자사업 관련하여, 서너 개 주요 사안을 협의하러 갔었다. 그런데 이스라엘 매니저가 띄운 의제는 10개가 훌쩍 넘었다. 나의 토론 내용 외에 주로 지원, 재정적인 협의, 마케팅 추가 활동을 통한 판매 진작 등이었다. 서비스 파트나 보상 건도 있었다. 그런 과정의 협의는 원만하지 않았다. 그래서 중간에 회의가 결렬되었다. 고객사 오너가 차후에 참석하고 일정 부분 큰 그림으로 협의를 마무리했었다.

그 당시에는 나는 나름 선방했다고 생각했다. 필자는 스스로 미팅을 잘 마무리했다고 여겼던 기억이 있다. 복귀 후 여의도 본사에 보고도 잘 끝났다. 시간이 17~18년 흘렀다. 그때 그 사람은 회장이 되었다. 가끔 안부 연락을 한다.

최근 몇 년 사이에 협상, 이스라엘 교육법, 학습법 등의 독서를 했다. 그리고 알게 되었다. 객관식에 능하고, 논술과 토론에 익숙하지 않은 나를 상대해서, 어쩌면 그들이 쉽게 '협상에서 우위를 점했구나.' 생각이 된다. 당초 3~4개 이슈로 협의하러 갔다가 적어도 7~8개는 일부라도 지원하는 것으로 마무리했기 때문이다.

인도인들과 협의할 경우에도, 나의 논리와 전략이 사전에 명확하지 않으면 비슷한 일을 늘 생길 수 있었다. 그래서 독서와 논리적인 접근, 분석과 리서치를 그 이후에 강화했다. 질문으로 답변을 스스로 찾게 하는 소크라테스의 방법이 유효하다. '선문답' 개념처럼 배울 만한 것이다.

왜 자꾸 잊어버리고
흐지부지될까?

어떻게 하면 망각함을 극복할까? 일회성 시도와 쉬운 포기를 개선할까?

기록하고, 적용하고, 반복하는 것은 힘이 있다. 이러한 것은 과거 잘 알려진 천재들에게도 있었다.

모차르트는 재능이 있었지만 노력을 더 많이 했다고 한다. 35년간 600편 이상의 곡을 만들었다. 지나칠 정도로 거기에 몰두하고 열정적이었다는 것이다. 마치 정약용이 18년간 500권의 책을 쓴 것과 유사하다.

이와 같이 손으로 연주하고 기록하는 것은 의미가 있다. 손은 자주 사용하면 좋다. 의사가 치매 환자에게 손 사용으로 뇌를 자극하기에 하는 것도 마찬가지 이유이다. 어떤 이는 '손은 밖으로 나와 있는 뇌'라고 한다. 손으로 글을 쓰고, 만들고, 연주하면 좋다. 뇌를 자극하고 발달하게 한다. 치매 환자들에게 걷기, 산책만큼이나 좋은 것이다. 뇌가 긍정적인 방향으로 활성화되도록 도움을 주는 것이다.

필자도 만년필로 원고를 쓰기도 한다. 기타 코드 몇 개를 치기도 한다. 당구와 탁구도 전보다는 재미가 있다. 복싱도 좋아한다. 붓펜 글씨나 그림을 그리는 것도 흥미롭다. 캘리그래피 구경도 늘 신기하다.

왜 책도 안 읽고
대화도 피할까?

세계 명문가의 공통적인 부분이 있다. 토론하고 글쓰기도 하게 한다. 여행을 하고 견문을 넓혀간다. 책을 읽지 않아도 만지게라도 한다. 아버지의 독서한 내용을 자녀와도 공유한다. 아이들의 독서 리스트도 만들어 주는 것이다. 이로써 자연스럽게 독서가 생활이 된다. 평생공부로 연결되는 것이다. 독서는 공감능력, 사회적 감수성을 발달시킨다.

인간의 뇌에 약 1,000억 개의 신경세포(뉴런)가 있다고 한다. 꾸준한 연습시간에 따라서 우수 그룹, 최우수 그룹이 결정된다는 통계가 있다. 노벨상 수상자는 미술, 공예, 글쓰기, 공연의 취미를 가졌을 때 더 확률이 높았다고 한다. 이처럼 각자의 노력, 꾸준한 반복과 실천이 중요하다. 자신만의 꿈과 비전을 달성하는 데 도움을 준다.

배움을 중단하면 삶의 발전이 없는 것이라는 말이 있다. 세계적인 투자가인 워런 버핏 집안에서는 타인보다 다섯 배 책을 많이 읽으라고 권고한다. 박지원 가에서도 책을 읽고 요약하고 자신의 생각을 추가했다고 한다. 몸이 약했던 연암이었다. 현대의 삶에서 필자 역시 적용해 본다. 그들은 삶의 고난이 위대함을 만든다고 믿었다, 독서를 가까이한 사람들이었다. 필자도 독서의 시작과 진행, 그를 통해 느낀 장점들이 무수히 많다. 몇 년 동안 독서의 삶이 자신을 변화시켰다. 행복지수, 자존감, 자기 효능감이 다 올라갔다. 눈치를 덜 본다. 행복의 기준을 타인과의 비교에서 찾지 않는다. 스트레스받는 사례가 줄어들었다.

필자의 도서목록에는 3,000권의 희망도서가 있다. 그중 약 1,400권을 읽었다. 수시로 업데이트해 나간다. 자녀의 도서목록에도 약 850개가 있다. 독서일지를 자녀에게 보여주기도 한다. 간혹 읽어준다. 복독(復讀)을 위해 방 안의 책 중에서 꺼내 설명해 주기도 한다. 특히 단순 암기식, 입시 위주의 교육 말고 독서를 권장한다. 아들은 수의학과에 관심이 있다. 그 학과가 있는 곳을 찾더니 해당 명문대에 가고 싶다고 말한다. 나는 자녀에게 학교 이름은 중요하지 않다고 매번 말한다. 자신의 꿈과 적성, 좋아하는 것을 찾으면 좋다고 말해 준다. 혹시 어려우면 건강한 몸과 독서를 통한 열린 사고만 있으면 된다고 말해 준다. 고교 졸업도 문제없다고 말했다. 학교는 나중에 가도 된다. 다만 희망을 갖는 게 중요하다. 작은 것에 감사하는 마음, 자신을 사랑하는 것이 첫째라고 알려줬다.

공부는 좋아하는 마음이 생기면 하나씩 하면 된다고 했다. 다만 책은 친하게 지내라고 했다. 만져보고 냄새 맡고 쓰다듬고 옆에 두라고 했다. 현재 즐기는 게임, 복싱, 친구들은 유지하라고 했다. 그 외에 책을 가장 소중한 친구로 지내라고 했다. 어려운 책은 의무감으로 무조건 끝까지 고통스럽게 다 읽지 않아도 된다고 알려줬다. 그냥 넘겨보다가 둬도 된다. 흥미를 갖고 좋아하는 쉬운 것부터 읽으라고 가르치고 있다. 그리고 흥미 있는 분야를 확장하면 된다고 했다. 급할 것도 없다. 자신의 속도면 충분하다고 했다. 사람을 사랑하고 배려하는 마음, 작은 것에 희망을 갖는 게 최고라고 했다.

나름 잘 적응하니 그런 일은 없겠지만, 스트레스를 받으면 학교도 그만둬도 된다고 말해줬다. 자살하거나 정신질환으로 어려워하는 청소년들 이야기도 해줬다. 각자의 적성이 틀리므로 학교 교육, 등수, 성적이 최고 기준은 아니라고 이야기해 줬다. 일본 식민지 기간의 잔재로 학교교육 제도도 영향을 받았다고 아이에게 알려줬다. 다만 사회성, 나와 다른 남과의 생활, 마찰과 이견, 스트레스를 경험하는 좋은 곳이라고 말해 줬다.

나라를 위해 싸우다가 젊은 나이에 돌아가신 위인들 이야기도 가끔 해준다. 그분들에 비하면 숨만 쉬어도 희망차고 좋다고 말했다. 『총, 균, 쇠』(재러드 다이아몬드) 이야기도 해주었다. 지구상에 우리보다 못한 환경에서 태어난 인구가 최소한 70억 명 이상이라고 말해 줬다. 세상은 감사할 것이 부지기수라고 이야기해 주었다. 남과 비교하지 않기, 등수 따지지 않기, 부와 명예, 능력 상대와 겨루지 않기, 학교 교육에 함몰되지 않기가 중요하다고 이야기해 주었다.

교통사고로 인한 사고, 화상이나 육체적인 불구가 된 이후에도 멋지게 사는 경우도 이야기해 주었다. 세상에는 감사할 것이 너무 많다고 말해 주었다. 누구나 생명은 가치 있고 소중하다고 해주었다. 마치 아들이 우리 집 소속이지만 부모의 소유물이 아님을 인정하는 것과 같다고 말해 주었다. 생각이 가장 중요하다고 이야기해 준 것이다.

162cm, 46kg의 왜소한 체격에 맥도널드 시급 일자리에도 취직이 어려웠던 알리바바 마윈(Ma Yun) 회장의 이야기도 해주었다. 학교도 그 지역 제일 기본 중의 기본인 학교 출신임도 이야기했다. 그래도 몇 시간 거리의 항저우 호텔로 다니면서 영어를 배운 노력파, 열정이 높다고 말했다. 무료로 외국인 관광을 가이드 해주면서 영어를 배운 것 말이다. 또한 마윈이 다독가였다는 것을 말해 주었다. 다독을 통한 창의력, 창조성, 자신만의 논리의 표현을 할 수 있었다. 영어를 배웠기에 외국인 투자자, 관련자에게 영어로 설명한 것이다. 별의별 도전, 고난, 시련을 몸으로 부딪친 사람은 안다. 일

단 부딪쳐 본다. 즉 배포와 용기가 남다르다. 잃을 것이 별로 없는 인생을 살아와서 그럴 수도 있다. 그것을 13살 아이에게 어제 난 설명했다. 오히려 내가 치유 받는다. 생각이 정리되었다. 이 글을 쓰면서도 마찬가지이다. 이러한 필자의 생각이 50 이후 삶에 영향을 미칠 것임은 자명하다. 도전은 계속된다.

좌절할 때 책을 읽지 않는
이유는 뭘까?

인터넷, 유튜브 사용 증가는 책을 멀리하게 한다. 또한 희망을 갖지 않으면서 현실에 안주할 수 있다. 알면서도 실천하기는 힘들다. 그럼에도 의지가 필요하다. 희망을 품고 독서를 시작하고 진행하면 삶이 바뀐다. 필자는 2020년 하반기부터 간헐적으로 독서를 시작했다. 그 이전에는 여러 가지 이유로 독서를 별로 하지 않고 살아왔었다. 일상의 바쁜 회사 생활, 삶, 타인들과의 만남, 뭔가 열심히는 했다. 그래도 다소 어수선한 중에 끌려오듯이 정신없이 살아온 것일 수도 있다. 내가 주도하는 삶은 아닌 듯했다. 세상과 사회에 더 따라간 인생에 가까웠다.

필자는 독서를 시작하면서 핸드폰과 인터넷 사용을 제한했다. 핸드폰 바탕화면은 디톡스, 최대한 사용이 번거롭게 해 놨다. 가능한 한 적게 사용하자는 취지였다. 패스워드도 넣고 절전 모드로 설정했다. 앱도 몇 개 외에는 감추거나 지웠다. 독서와 자연 친화에 시간을 쓰려는 취지였다. 인터넷 사용 시간도 극도로 줄였다. 온전히 독서와 글쓰기, 걷기에 더 집중하려 결정한 것이었다.

2021년 봄부터는 습관적, 반복적으로 매일 했다. 그렇게 약 2년간 650권의 책을 읽었다. 습관이 되니 그 이후 독서 속도가 자연스레 빨라졌다. 이후 1년간은 약 400권 이상의 책을 읽게 되었다. 도서 권수 자체는 그리 중요하지 않다. 흥미로운 책을 위주로 보았다. 꼬리에 꼬리를 물고 연결되는 것도 찾아서 독서했다. 동일한 주제의 몇 권의 유사한 책도 같이 읽기도 했다. 독서와 글쓰기, 희망, 자기 계발, 회복, 철학, 인문학, 죽음, 자녀 교육, 전원생활 등에 관한 책이었다. 가끔 음악, 미술, 시집을 읽기도 했다.

그렇게 날마다 책과 가까이 지냈다. 그러다가 몇 년간 누적으로 약 1,100권 정도 책을 읽었을 때, 문득 책을 써보고 싶은 마음이 약간 생겼다. 또는 읽은 생각을 정리하고 싶어졌다. 글쓰기와 책 출간의 희망도 생긴 것이다. 그래서 블로그, 노트, 메모장, 핸드폰에 적기 시작했다. 주말에 읽은 책의 독서노트도 기록했다. 독서의 완성이 글쓰기라는 말이 와닿는다. 읽다 보니 내 생각을 정리해야 했다. 읽은 내용을 내 안에서 통과시켜야 했다.

버릴 것과 가질 것을 구분해야 했다. 이곳저곳에 흩어진 정보, 생각과 다른 의견을 통합해야 했다. 무엇보다 그것을 나에게, 나만의 것으로 적용해야 했다. 그 과정이 필요했다. 인풋과 아웃풋의 과정이다. 먹고 소화시키고 내보내는 절차였다. 그러한 나의 글쓰기가 인생의 터닝 포인트이다.

나의 상처, 불안과 걱정, 불만, 세상에 대한 원망, 부러움, 질투와 두려움의 임계점을 넘어서는 계기가 되었다. 충분하게 준비되지 않았다. 그럼에도 도전한다. 그래도 글을 쓰면서 뼛속까지 깊이 내려가고 들어가서 쓰는 것을 생각하고 있다. 점차 배워가고 있다.

직장인 작가로 몇 편의 책을 내봤다. 3번째는 출판사에서 연락을 주어서 출간도 했다. 전국 주요 서점과 온라인에서 선보였다.

몇 년 전에 책상에 내가 써 놓은 게 있다. 책 출간 10편 이상, 평생을 책과 함께한다는 것이다. 왜냐하면 지난 몇 년간 독서와 글쓰기가 나를 바꾸었기 때문이다. 긍정적, 적극적으로 오늘을 사는 사람으로 만들었다.

걱정은 별로 없다. 미리 하지 않는다. 날마다 반걸음, 한 걸음씩 전진한다. 나의 꿈과 희망은 내가 만든다. 불평하거나 시기, 질투하지 않는다. 늘 작은 감사 거리를 찾는다. 무엇보다 희망이 있다. 참으로 놀라운 변화 아닌가? 독서는 자기 계발, 내적 자신감 충만을 통한 희망을 갖는 데 필요하다.

책을 멀리하는 나는
어떤 기회를 잃을까?

1. 인생의 의미를 찾는 데 도움

책 읽기를 통해서 감동받은 내용이 나의 몸을 통과한다. 내 몸을 거친 내 생각이 정리된다. 매일 반복되는 독서를 통해서 기존과는 다른 관점의 시야가 열린다. 몸의 체험과 책의 간접적인 경험이 합쳐진다. 단순한 지식 축적을 넘어서 공감 능력이 생긴다. 우리가 태어난 이유와 삶의 의미를 생각하게 한다. 나의 인생을 생각하는 기회가 생긴다.

사물을 보는 사고와 관점도 달라질 수 있다. 공감하고 해석하는 것이 향상된다. 어제보다 나은 오늘의 내가 되도록 한다. 책으로 읽은 것을 글로 쓰면서 나만의 사고가 형성되기도 한다. 독서와 글쓰기가 밀접하다. 그만큼 글쓰기가 의미가 있다. 표현하면서 내 생각이 정리된다. 독서의 마무리, 완성이 글쓰기이다. 이것이 작가가 될 필자의 이야기이기도 하다.

칼 융(Carl Jung)이 이야기한 대로, "창의성은 놀이 충동에서 나온다. 지성에서 오지 않는다." 책과의 만남이 필자의 운명

230

도 바꾸었다. 책을 통해서 내 기존 생각, 주위의 조언, 고정관념과 한계, 편견을 바꾸고 있다. 특히 양질의 책 내용을 이독(二讀), 삼독(三讀)의 복독(復讀)을 통해서 더욱 깊이 이해하고 소화할 수 있게 된다.

2. 공감 능력 향상

같은 어려움을 경험해 보면 타인을 쉽게 이해한다. 아이를 키워본 사람은 알 것이다. 어른들 말씀처럼 "낳기만 하면 저절로 금방 큰다." 일부는 맞지만, 일부는 다르다. 아이에게 그렇게 손이 많이 가는 줄 몰랐을 것이다. 갑자기 열이 나거나 울고불고하는 일이 자주 생길 줄 몰랐을 것이다.

독서는 직접 경험 외에 간접 체험을 하게 한다. 이를 통해서, 이해력과 공감 능력을 키운다. 독서가 타인의 아픔, 슬픔, 고민과 상황을 이해하게 한다. 우리 생각을 확장시킨다. 그를 통해 변화가 일어난다. 그동안 가던 길을 바꿔서 새롭게 가도록 안내해 주기도 한다. 필자도 과거의 힘든 경험, 아픈 상처와 독서가 어우러져서 공감 능력을 더 갖게 되었다. 누가 힘들고 아프다고 하면, 내가 그런 것같이 공감이 되곤 한다.

3. 의지 강화

책을 읽으면서 열정과 의지도 생긴다. 세상을 사는 막연함,

두려움만이 아니라, 기회와 도전의 꿈도 생긴다. 나의 신념과 용기로 앞을 헤치고 나갈 수 있다는 자신감도 붙는다. 타인의 사례를 보면서 감을 갖는다. 나도 할 수 있다는 생각이 든다. 이처럼 독서는 긍정적인 부분의 형성에도 도움을 준다.

사색 이후에 기록하는 과정이 글쓰기이다. 그 과정으로 나의 마음을 재확인한다. 많은 창작이 혼재한 속에서 각자의 삶을 받아들인다. 자신만의 색깔을 만들어 간다. 글을 쓸 때, 내 몸을 통과한, 가슴속 깊이 느낀 나의 글을 써야 한다고 느낀다. 필자 역시, 글을 쓰고 책을 출간한 이후 독자로만이 아니라 글을 쓰는 다른 필자의 마음을 이해하게 되었다.

책 쓰기에는 많은 노력, 인내의 시간과 정성이 필요했다. 과거의 아픔과 실패, 큰 상처와 기억이 소재로 사용되기도 했다. 공감과 감동의 역할을 할 수도 있다. 책을 쓰면 삶이 기존과는 다른 모습으로 펼쳐질 수 있다고 경험했다. 책 쓰기의 배경과 사연이 표현되고 스스로의 생각도 정리된다.

4. 독서의 재료

다양한 일상의 소재가 글쓰기의 재료가 된다. **필자도 미래의 경쟁력이자 중요한 부분은 글쓰기와 표현 능력이라고 믿게 되었다.** 그것을 지속 발전시키려면, 즐겁고 관심 가는 소재를 찾아야 한다. 독서는 그것을 늘 도와준다.

몇 번의 책 쓰기를 해보았다. 쓰는 것보다 고치고 덜어내는 과정이 핵심임을 알았다. 구성, 맥락, 자신을 통과한 표현, 공감을 일으키는 것이 중요하다. 독자가 생각할 여백을 주면 좋다. 내 글에 누군가는 희망과 공감, 꿈을 가질 수도 있다. 계속 수련하면 가독성이 훌륭한 글이 될 수도 있다. 그 꿈을 갖고 도전하는 것이다.

필자 역시 산맥을 넘는 듯한 아픔과 고통의 시간이 있었다. 반대로 더 많은 기쁨, 즐거움, 희망의 시간도 있었다. 합치면 기쁨의 시간이 훨씬 크다. 당시에는 고통이 더 부각되어 숨 쉬기 어렵기도 했지만 말이다. 이러한 삶의 고뇌, 아픔, 실패가 글의 재료가 된다. 독서를 통해 그러한 재료를 더 찾고 연결하게 된다. 자연스러운 과정이다.

절망을 넘어서는
구체적인 전략은?

희망을 품는 글쓰기가 해법 중 하나이다. 내면의 것을 쏟는 것이 글쓰기이다. 축적된 생각, 감정의 조각들을 조합하고 표현한다. 어떤 것을 소화시키고 배출하는 행위이다.

책을 통한 간접 체험과 여행을 통한 새로운 경험이 조합되면 좋은 것 같다. 낯선 곳을 가면 예상하지 않은 상황과 장면을 맞이하기 때문이다. 새로운 생각과 감정, 아이디어가 불쑥 떠오른다. 느끼지 못했던 신경세포가 살아나는 느낌도 갖는다. 독서와 산책, 운동과 여행이 모두 글쓰기의 좋은 재료이자 영감이 되는 이유이다.

글쓰기는 많이 고치고, 덜고 빼는 작업이다. 필자 역시 원고 초안을 몇 차례, 그 이후 더 여러 번 고치고 있다. 독자가 더 잘 이해하고, 뜻이 잘 전달되도록 다듬고 있다. 『노인과 바다』를 쓴 헤밍웨이가 자신의 작품을 여러 번 고친 것은 잘 알려졌다. 그만큼 글쓰기는 육체적인 노동, 시간의 투자, 자신과의 싸움, 노력의 결과이기도 하다.

불행을 뚫고 나가는
희망의 루틴은?

지금 희망이 가득한가? 어떤 것이 꿈이 가득한 삶인가?

스스로에게 던지는 질문이다. 오늘이 나의 삶에서 마지막 날이라고 생각하고 살면 최고로 희망차다고 한다. 각자 희망과 행복의 기준이 다르다.

유럽을 정복한 알렉산더가 어느 날 통 안에 거주하는 철학자 디오게네스를 방문한 이야기는 나름 유명하다. 대제국을 세운 알렉산더가 말했다. "나는 정복자이다, 왕국의 일부를 너에게 제공할 수 있다. 소원을 이야기해 보아라." 작은 통 안의 철학자가 대답했다. "햇볕을 쬐야 하니, 비켜주세요." 그의 대답이 기가 막히다. 이야기는 짧지만 희망, 인생의 기쁨을 생각하게 한다.

자신의 삶을 살라. 자신이 원하는 대로 살아가는 것이 정답일 수 있다. 기쁨과 즐거움의 인생을 사는 것이다. 나쁜 일도 스스로 극복할 수 있다. 인생이 자신의 것이라고 믿기 때문이다. 즐겁게 지내려고 이 땅에 왔다고 생각하는 것도 도움이 될 것이다.

　어쩌면 현대인은 다른 사람들보다 빠르게 잘 살고자 한다. 더 부유하고 편안하게 지내려 한다. 비교가 있는 한, 희망찬 삶에 이르기 어려울 것이다. 희망 가득한 사람들은 타인이 무엇을 어떻게 하는지 신경 쓰지 않는다. 누구도 나 대신 희망으로 살아주지 않는다. 대신 죽어주지도 못한다.

　외부 세계에의 의존성을 줄여야 한다. 통제 불가능한 것에 대한 미련을 버려야 한다. 그래야 희망을 갖게 된다. 단순한 삶이 좋다. 차 한 잔과 탁자 하나라도 좋다. 옷 한 벌이라도 좋다. 한적한 여유로움, 편안한 마음이면 충분한 것이다. 결국 스스로 선택하여 살아가는 인생이다. 행하는 대로 만들어 간다. 바라는 것을 이룬다.

　지속, 반복적인 노력을 하면 된다. 날마다의 루틴을 실시한다. 새로운 시도, 도전과 실패를 반복한다. 결국은 자신의 꿈을 이루게 된다. 작은 도전으로 희망을 만들어 간다.

"꿈을 이루는 것보다 계속 유지할 때 더 희망을 갖고 기쁘게 된다."라는 말이 있다. 특정한 꿈을 딱 이루고 나면, 그 이후에 오히려 갈 곳을 정하지 못하는 경우가 있다. 이러한 부분을 접목한 분들은 대개 80대, 90대가 되어도 평소 집중하던 것을 지속한다. 어쩌면 삶을 마감하는 그 순간까지도 자신의 루틴과 관심 분야를 놓지 않고 진행하는 것이다.

105세 철학자이자 작가인 김형석, 고(故) 이어령, 이시형, 이근후 작가 역시 유사한 것이다. 90세 전후의 고령에도 작가, 강연자로 활동을 이어간다. 필자는 이 네 분의 출간된 책을 찾아서 읽었다. 80대 후반까지도 활발한 활동을 하셨다. 정말 대단하다고 생각한다. 노년의 롤모델로 여겨지는 이유이다.

열성적으로 자녀 교육에 집중한 어머니들이 연상된다. 학창 시절 자녀가 공부를 잘하고, 취직을 잘하도록 물심양면 지원한다. 지나치다 싶을 정도로, 혹은 열성적으로 돌보아준다. 시간이 흘러 자녀가 장성하고 그의 곁을 떠난다. 그런 경우, 어머니가 허전함과 집중할 대상을 잃어 힘들어하기도 한다. 희망과 기쁨을 유지하기 위해서 오히려 목표를 100% 달성하는 것이 꼭 좋은 것이 아니라는 의미이다.

각자의 스타일에 따라서 희망을 추구하는 모습은 다르다. 어떤 이는 한 곳을 보고 집중한다. 다른 이는 한 가지를 어느 정도 달성하며, 다른 목표에 다시 도전한다. 그 시도와 도전에서 희망을 얻는 것이다. 어떤 일을 한다고, 혹은 잠시 멈춘다고 자신의 꿈이 변하는 것은 아니다. 희망이 바뀌는 것 또한 아니다. 어쩌면 가장 희망차고 부유한 사람은 다양한 삶의 스토리가 있는 사람일 수 있다.

자신에 맞는 희망과 행복의 조건을 갖자 정해 본다. 필자는 2~3년간 안성시의 주말농장에서 어머니와 채소와 꽃을 키운 적이 있다. 밭을 매고 풀을 뽑고 비료를 준다. 강한 햇볕에 작업이 힘들다. 그래도 자라나는 식물을 보면 치유와 기쁨이 크다.

독서, 글쓰기와 운동은 마음과 몸에 활력과 생기를 제공한다. 이는 책 출간, 그에 따른 부수적인 활동과도 연결된다. 끊임없이 노력, 도전하며 살려고 한다. 희망찬 순간이다.

세상의 가치, 타인과 쉽게 비교할 수 있다. 그럼에도 굳이 관여하지 않음이 낫다. 나만의 희망을 만들려고 한다. 정신적으로 자유로운 나의 상태를 유지하려 한다. 사회의 관습, 가치 기준이나 타인의 의견에 영향을 받지 않으려고 한다. 자신의 가치관을 가지려고 한다. 스스로 언제 희망차고 즐거운지 보고 있다. 언제 만족을 느끼고 행복한지 계속 더 알아가는 것이다.

희망과 행복의 조건에는 건강, 인간관계, 교육, 경제적인 안정 등이 있다고 한다. 경험으로나 통계적으로는 수입이 일정 수준만 넘으면 특별히 많지 않아도 괜찮다. 행복은 비슷하다. 좋아하는 일을 하면서 지내는 것이 더 희망으로 가득할 수 있다. 기본적인 생계만 유지되면 말이다. 세상의 변화와 최신 트렌드를 쫓아간다고 꼭 희망과 행복을 더 채우는 것이 아니기 때문이다.

현재의 기쁨과 즐거움이 바탕이다. 나의 중심을 잡고 설레는 일을 할 수 있다. **중요하지 않고 번거로운 것들을 제거해 본다. 핵심적이지 않은 70~80%를 없애는 것이다. 그리고 꼭 필요한 20~30%에 자신의 시간과 에너지를 집중해야 한다.** 그렇게 하고 싶은 일을 하고자 한다. 내가 나를 인정할 수 있는 일이 있다.

컵 안에 든 물이 반이 있을 때, 보는 사람의 시각에 따라서 "물이 반이나 남았다."와 "물이 반밖에 없네."의 의견이 있을 수 있다. 긍정과 도전, 기회와 희망, 감사를 갖는 편에 서는 것이 유리하다. 피할 수 없는 것과는 협조한다. 방법이 없다. 별일 아닌 것은 과민하게 받아들이지 않는다. 그냥 지나치고 있는다. 죽음을 앞둔 노인들은 말한다. 인생은 그런 소소한 것에 화내기에는 너무 짧다. '문제가 무엇인가? 해결 방법은 무엇일까? 어떤 방법을 제안해 볼까?' 생각해 보는 게 낫다.

만약 문제가 되고 근심이 되는 일이 생기면 적어본다. 1) 구체적으로 적는다. 2) 할 수 있는 방안을 찾는다. 3) 행동을 정하고 실천한다. 이런 형식으로 실행해 보는 것이다.

만약 안 좋은 일이 생기면 그 역시 대응법을 찾는다. 1) 나쁜 상황을 이해한다. 2) 불가피한 것이면 받아들인다. 3) 최악의 상황을 개선해 간다.

상황을 수용하고 받아들이는 것이 불행 극복, 문제 해결의 첫 번째 시작점이다. 이런 나만의 대응의 방법을 정한다. 이

것이 나만의 기준이 될 때, 희망으로 한 발짝 더 다가간다.

　필자도 문제가 생기면 하얀 종이에 단계별로 적는다. 그리고 분석한다. 그러면 신기하게도 별것 아닌 것이 많다. 그러면 그다음은 걱정하지 않는다. 다만 하나씩 작은 것부터 실천한다. 변화시킨다. 나는 소중하다. 오늘을 살면 된다.

희망으로
인생을 바꾼
사람들

어떻게 죽음의 공포를
극복했을까?

아우슈비츠 수용소에서 홀로코스트의 비극이 진행된 것이 1940년부터 약 5년간이다. 약 600만 명의 소중한 인원들이 희생되었다. 살아남아 밖으로 나가야 하는 목표가 뚜렷한 사람은 의지를 갖고 수용소 생활을 버텨낸다. 반드시 밖에 나가서 돌볼 자녀가 있을 수 있다. 만나야 할 가족이 있는 경우도 있다. 애인이 있을 수도 있다. 하지 못한 어떤 말을 꼭 만나서 죽기 전에 하고 싶을 수도 있다. 인간은 아무리 극단적인 현실과 상황에 놓이더라도, 그 의지로 현실의 문제가 고통을 극복할 수 있다는 것이다.

독일이 아우슈비츠에서 유대인들을 학살한 것이 불과 몇십 년 전의 일이다. 몇 년 전, 독일이 공식적인 사과를 했다. 그럼에도 피해, 죽음, 가족을 잃은 이스라엘 관련자들의 마음속에는 매우 깊은 상처와 충격으로 남아 있을 것이다. 극한의 상황에 다시는 놓이고 싶지 않을 것이다. 기억조차 하고 싶지 않을 과거이다. 누군가 가스실로 번갈아 가면서 끌려갔다. 운이 없으면 죽음을 면하기 어려운 상황이었다.

그럼에도 살아남은 사람들의 공통점에는 의지, 살고자 하는 강한 열망이 있었다. 스스로 유리 조각으로 면도하고 얼굴이 말끔해 보이도록 관리하기도 한다. 표정에 활기를 띠고자 노력한다. 최악의 극한 상황에서도 의지가 보이는 것이다. 성공하는 사람들은 의지가 강하다. 현실의 고통과 어려움을 뚫고 나가는 것이다.

최초로 죽음학을 연구한 미국의 엘리자베스 퀴블러 로스의 저서 『상실 수업』을 읽으면서 죽음, 이별, 감정의 정리에 대한 아이디어를 얻는다. 그런데 전문가인 그녀도 정작 자신이 암에 걸린 뒤에는 평안함을 잃었다고 한다. 타인의 죽음에 관해서 연구한 그녀였다. 자신에게 찾아오는 죽음의 그림자에는 다른 느낌을 가진 것이다. 질병의 고통과 두려움은 특별한 것이었다. 이해가 되는 부분이다. 자신에게 실제로 닥치는 죽음의 그림자와 두려움은 누구도 겪어보지 못한 부분이다.

각자 느끼는 어려운 감정, 슬픔과 허무함, 절망감이 있다. 내가 느끼는 감정을 인식하면 된다. 삶이 즐겁고 활기차도록 나의 감정을 알아가면 좋다. 수용소에 있던 빅터 프랭클의 책 『죽음의 수용소에서』에서 보듯, 희망을 갖고 버틴 인원들이 살아남았다. 이토록 희망은 우리를 역경과 삶의 끝자락에서도 생존하게 한다. 희망을 붙잡는 마음이 중요하다.

평범한 그들이
성공한 이유는?

학교 공부는 평범했지만, 사회에 나와서 성공한 사례를 듣곤 한다. 꾸준하게 자신의 강점을 발전시킨 경우도 있다. 한 분야를 꾸준하게 지속한 사례가 많다. 그들에게서 배운다. 자신의 적성, 재능에 노력을 보태서 목표를 달성한 스포츠 스타들도 있다. 몇 가지 경험과 시도를 하다가 결국 다른 분야에서 꿈을 이루기도 한다.

이러한 점을 일률적으로 표현하기는 어렵다. 천재나 영재는 20세 이후에 그 재능이 줄어드는 경향이 있다. 그럼에도 평범한 사람들은 오히려 반복, 연속적인 노력으로 대기만성형으로 성취를 이루기도 한다. 혹은 천재라 불릴 수준으로 재능이 쌓이기도 한다. 그렇다면 이들의 공통 분모는 무엇일까?

1) 평범한 사람들이 30대 이후에 재능을 보이는 경우가 있다. 경험이 쌓인다. 다양한 분야의 독서, 교류, 실천을 한다.

2) 평생학습을 한다. 즉 한 분야를 꾸준하게 계속 연구하고 시도한다.

3) 전문 분야, 특정한 곳에 집중한다. 지속된 연구, 다양한 경험을 하고 성공한다. 또한. 조기, 선행학습이 꼭 맞지 않는 경우가 많다. 즉 남보다 늦게 시작해도, 재능이 평범해도 성공하는 경우가 많다.

찰스 다윈의 경우는 호기심이 많았다. 원래 부유하기도 했다. 그는 많은 분야를 통해서 학자들의 지식을 모았다.

알려진 대로, 테니스 황제 로저 페더러(Roger Federer)는 다른 선수보다 늦게 10대에 테니스를 시작했다. 탁구, 배드민턴, 핸드볼, 수영, 야구 등 다양한 다른 스포츠를 이전에 했다고 알려져 있다. 조기 영재 교육이 없었음에도 늦깎이로 합류해서 오랜 기간 테니스 황제의 자리를 지켰다.

일론 머스크도 21세기의 천재적인 혁신가이다. 다만 그는 학교 공부에 취미를 갖고 대학 과정, 학위 취득이나 학점 자체에 큰 의미나 관심을 두지 않았던 것으로 보인다. 자신의 관심 분야에 대한 집중적인 탐구, 연구와 실행을 한 것에 더 가까워 보인다. 집 근처 도서관의 책을 일찍부터 다 읽었다. 우주와 전기차, 혁신에 관심을 가졌다.

빌 게이츠는 공부 잘해서 하버드 대학에 합격했지만 중퇴했다. 그 역시 책을 늘 가까이했다. '모든 사람이 한 대씩 컴퓨터를 사용하게 한다.' 그의 목표와 다짐, 집중적인 시도와 실행이 꿈을 현실로 이루게 하였다.

기업가 시절의 안철수는 독서가였다. 그는 엘리베이터를 기다릴 때와 그 안에서도 책을 읽었다고 한다. 그 자투리 시간을 합쳐 몇 권의 책을 읽는다는 것이다.

스티브 잡스는 대학교를 중퇴했다. 길고 복잡한 표현을 단순화했다. 인문학과 IT를 연결했다. 캘리그래피를 매킨토시에 적용했다. 중독 수준으로 열정적으로 일을 했다. 완벽을 추구했다. 세상에 없는 것들을 내놓았다. 기존의 질서나 상식을 깨고 전진한 것이다.

마윈 회장은 중국에서 전자상거래 알리바바로 혁신을 이루었다. 아마존의 제프 베이조스는 빠른 배송, 자유로운 교환으로 인터넷 구매 체계를 바꾸었다. 드론 배송도 한다. 쿠팡은 저녁에 주문해도 다음 날 새벽 배송을 한다. 납기와 배송의 혁신을 이루었다. 세상에 없던 서비스이다.

빈센트 반 고흐는 34~37세까지 걸작들을 주로 남겼다고 한다. 이전에는 별로 유명하지 않았다. 20세기 대표적인 재즈 기타리스트 장고 라인하르트(Jean Reinhardt), 재즈 피아니스트 데이브 브루벡(Dave Brubeck)은 처음에는 악보도 몰랐다고 한다.

레오나르도 다빈치는 천재나 다름없다. 그 역시 많은 독서와 산책, 사색을 했다고 알려진다. 독서를 통해서 기존의 지식, 정보, 사고를 연결하고 융합한 것이다.

이와 같은 사례의 밑바탕에는 공통점이 있다. 다양한 분야를 독서를 통해서 접했다는 것이다. 관심 있는 분야를 정했다. 거기에 집중했다. 경험과 재능, 정보를 연결했다. 창조성과 상상력을 덧붙였다. 자신만의 방법으로 시도했다. 시행착오와 실패를 경험했다. 실수, 오류와 무수한 반복을 진행했다. 자신의 분야에 집중적으로 시간과 열정, 에너지를 쏟아부은 것이다. 타인의 기준, 세상의 가치, 남들의 평판과 기준에 휘둘리지 않았다. 정한 분야에 집중 투자하여 계발하고 계속 추진하며 버틴 것이다.

그들은 어떻게
절망을 성취로 바꿨을까?

성취, 결과와 성과를 이루어 낸 경우는 무엇이 다를까?

미국의 한 리서치에 따르면, **새해맞이 결심을 한 이후에 실제로 그 다짐을 결과로 만들어 내서 성공하는 것은 7~8% 수준이라고 한다. 25%, 30%는 1, 2주 만에 각각 포기했다고 한다.** 연말에 자신의 새해 결심을 달성한 것은 10% 이내라고 했다.

한국의 통계에도 금연, 금주, 운동 등 새해 결심을 하고 끝까지 지키는 비율은 대부분 10% 내외였다. 이처럼 목표 설정 이후, 실행은 쉽지 않다. 인내와 노력이 필요하다. 작은 물줄기가 모여 강물이 된다.

"위대한 업적은 사소한 일들이 모여서 점차 이루어졌다."

성공을 이룬 사람의 공통적인 의견이다. 성과를 이루는 유일한 방법은 아주 사소한 일을 계속 진행하는 것이다. 참고 한 걸음씩 앞으로 나가는 것이다. 삶은 계속적인 도전이다. 매 순간을 느끼면서 살아간다. 언제 어떠한 일이 생길지 모

르는 것이 인생이다. 삶은 늘 유동적이다. 지속적으로 변화
한다. 여기에 순응하거나 돌파해 나가는 것이다.

　**발명왕 토머스 에디슨은 사람들이 흔히 자신에 대해서 이
야기하는 700번 또는 1,000번의 과정은 실패로 정의될 것이
아니라고 했다. 그는 자신의 지속된 실험과 실천이 시행착
오, 경험, 축적된 데이터라고 했다.** 실험을 대하는 그의 자세
를 알게 된다.

　일론 머스크는 전기자동차, 항공 테스트(우주 사업, 화성 진출)를
해왔다. 전기차 혁신을 일으키고, 우주에 사람을 보내려고
준비하는 자신이 "정상인가?" 말하기도 했다. 혁신가의 솔직
한 표현이다. 트럼프 당선 이후 그의 정치적, 정책적인 관여
이슈는 배제하기로 한다. 그의 사업가정신과 도전정신 부분
만을 필자는 이야기하고자 한다.

　애플 창업자 스티브 잡스는 창의적인 생각으로 iTunes, 매
킨토시, 디자인 혁신을 이뤘다. 빌 게이츠는 모든 사람이 컴
퓨터를 한 개씩 갖도록 하겠다는 꿈을 이루었다.

　기술혁신의 엔비디아 젠슨 황 사례도 인상적이다. 대만 타
이난 출신이다. 미국으로 유소년기에 이주했다. 스탠퍼드 대
학교에서 전기공학 석사학위를 취득했다. 대만의 기술 진보,
미국의 혁신적인 아이디어를 바탕으로 1993년에 엔비디아
를 창업했다. 하드웨어뿐 아니라 AI, 자율주행차의 혁신적

인 솔루션을 제공하는 회사로 성장시켰다. 저렴한 AI 플랫폼을 만들었다. 자율 로봇 개발에도 핵심적으로 쓰인다. 성능과 에너지 효율성 모두를 개선한 저렴한 플랫폼을 만든 것이다. "나는 항상 30일 뒤 파산할 것이라고 생각하며 사업을 한다." 그는 말한다. 그 정도의 절박함을 갖는다. 그 속에서 희망과 목표를 가지고 혁신적으로 도전해 나가는 진취적인 사업가인 것이다.

알리바바 회장인 마윈은 왜소한 체격으로 취직이 안 되었다고 한다. 결국 영어 강사로 항저우에서 지낸다. 가난한 집 출신이고 학벌도 좋지 않았다. 외모, 학벌 콤플렉스에도 불구하고 그는 영어를 배우기 위해 피나는 노력을 했다. 항저우 호텔 외국인 무료 관광 가이드로 외국어를 익혔다. **훗날 설립자인 제리 양과의 만남에서 영어로 자신이 구상한 비즈니스를 설명한 것이다. 또 소프트뱅크 손정의 회장에게 2,000만 달러 투자유치를 받을 때도 역시 연습한 외국어로 설명했다. 자신의 비전을 이야기한 것이다.** 취직이 안 되고 경제활동이 시원치 않았던 시절의 외국인 무료 가이드 통한 영어 연습과 독서, 자신의 사고를 정리하고 말로 표현하는 훈련이 빛을 발한 것으로 보인다. 중국 최대 전자상거래 기업이 그렇게 만들어졌다. 외모, 학벌의 이유로 각종 취업에 실패했던 그의 경력도 인상적이다. 축적된 노력을 통한 우수한 언어능력, 발표능력, 혁신적인 사고와 실행력이 그를 성공적인 기업가, 혁신가로 만들었다. 그야말로 취업 실패의 절망과 연속된 좌절 속에서도 희망을 품고 앞으로 나간 장본인이다.

제프 베이조스의 미국 아마존 혁신 사례도 인상적이다. **그는 실패가 피할 수 없는 배움의 과정이라 여기며, 그것을 통해 성장한다고 말했다.** 과학과 기술이 관심이 많았던 그는 프린스턴 대학교에서 신기술, 물리학을 전공했다. 투자은행에도 근무했다. 인터넷의 잠재력을 발견하고 온라인 서점으로 아마존을 창업했다. 나중에 음악, 의류, 식품, 전자기기까지 확장했다. 그 후 쇼핑 외에 인공지능, 클라우드 컴퓨팅, 스트리밍 서비스까지 확장했다. 빠른 배송과 유연한 반품 정책을 운영해서 호응도 얻었다. 실험과 실패, 도전과 혁신적인 면을 갖췄다. 이제 우주 진출까지 꿈꾸며 도전하고 있다. "항상 Day1 정신을 유지하라." 그는 말한다. 초심을 잃지 않는다. 미래에 대한 희망을 가지고 계속 혁신적인 생각을 만들어 낸다는 것이다.

7전 8기를 나타내 주는 고(故) 김대중 대통령의 대통령 되는 과정, 투옥, 검거, 고문, 꿈 달성의 스토리는 감동을 준다. 그는 행동하는 지성을 강조했다. 독일 의사 슈바이처와 사르트르의 "행동하지 않는 지성은 난로 위의 눈과 같다."에서 감흥을 받은 것으로 보인다. 투옥 생활, 험한 정치 여정에서도 희망을 가지고 도전한 분이다.

16대 미국 대통령 에이브러햄 링컨의 7전 8기 사례도 인상적이다. **그는 미국 대통령**(1860년)**에 당선되었다.** 켄터키주 출신이다. 7번의 선거 패배, 2번의 사업 실패를 경험했다. 신경쇠약증으로 6개월 이상 병원에 입원했다. 불운과 실패, 좌절의 삶을 이겨내고 미국 16대 대통령이 되었다. 남북전쟁에서 북군을 지도했고 점차 노예해방을 이루었다. 재선에 성공했으나 1865년에 암살당했다. 그의 생애는 한마디로 실패의 연속이기도 했다. 7세의 어린 나이에 집을 잃었다. 9세에 어머니가 사망했다. 22살에 사업에 실패했다. 23살에 선거에 낙선했고 학교 입학도 잘 안되었다. 24살에 결혼하기로 한 약혼자가 사망했다. 26살에 정신 쇠약증으로 6개월간 병원에 있었다. 20대 후반부터 30대 초반까지 3번 연속으로 선거에 패배했다. 40대 중후반까지 또 3번 선거에 패배했다. 그 이후 50대 초반인 1860년에 대통령에 당선되었다. 즉 7번의 선거 패배와 2번의 사업 실패, 1번의 약혼자 사망, 신경쇠약증 입원 등 다양한 실패를 경험했다. 그의 인생은 도전과 극복의 사례이다. 에이브러햄 링컨의 사례를 보니, 암살로 사망할 때까지 그는 그야말로 도전의 인생을 살았다.

화이트폭스 김승호 회장도 마찬가지이다. 그는 7전 8기,

그 이상의 도전과 실패, 쓴맛을 경험했다. 김밥 파는 CEO, 사장들의 사장으로 알려진 그이다. 그는 **몇 번의 실패 후에 자리를 잡았다고 한다. 과정이 순탄치 않았다. 몇 번을 파산하고 다시 일어선다는 희망을 갖고 실행했다. 성공에 대한 열망과 불굴의 용기가 있었다. 얼마나 힘들고 절망하는 시간이 길게 느껴졌을까?**

웅진그룹 김석금 회장의 사례도 인상 깊다. 불경기에 정수기 렌탈 사업도 처음 시작한 분이다. 출판 사업, 학습지 사업과 신사업 등 위기마다 다양한 도전과 혁신이 있었다. 실패도 늘 경험했지만, 다시금 일어섰다. 그 인고의 시간을 버티고 다시 회복하고 부딪쳐서 달성하는 원동력이 어디에서 나올까?

정주영 회장의 "임자, 직접 해봤어?" 말씀이 기억난다. 고속도로, 대형 배 건조 사례, 건설, 자동차 분야의 혁신을 이뤘다. 그다음 세대가 그 혁신을 지속해 나가고 있다. 한화그룹 김승현 회장의 해외 프로젝트 사례. 이라크, 중동, 대형 수주 등 통 큰 결정 및 추진력이 인상적이다. 이순신 장군의 연구와 실패, 정치적 이슈, 시행착오와 연구, 성공을 이룬 사례. 그는 독서와 연구에 능했다. 그 외에도 무수히 사례가 많을 것이다.

필자 역시 꿈꾸던 대기업 전자회사의 해외영업을 몇 년 기다렸다. 도전하고 어렵게 꿈을 이뤘다. 경영학 석사학위도 한국, 해외에서 두세 차례 도전했다가 회사 일로 못 했다. 그 이후 2011년에 해외에서 재도전해서 취득했다. 몇 년 전에 생긴 글쓰기와 책 출간 10권 이상의 꿈을 단계적으로 이루어가고 있다. 필자는 오랫동안 글을 쓰시고 편집에도 능한 전문적인 분들에 비해서 다소 부족하다. 전문가처럼 되려면 시간이 더 필요할 것이다. 그럼에도 포기하지 않고 꾸준히 도전하고 있다.

하얀 도화지에 점, 선 한 개부터 스케치를 시작한다. 스크래치부터 시작하여 하나씩 만들어간다. 우리의 작은 시작, 실행이 큰 도전의 첫 단추인 것이다. 성경 말씀대로, "네 시작은 미약하였으나 네 나중은 심히 창대하리라."의 의미가 연결된다. 자신에게도 의미가 가장 큰 것이다. 자신의 변하지 않는 꿈을 향한 한 걸음, 운동, 자기 계발, 체중 관리 등도 마찬가지이다.

인생의 바닥에서
어떻게 기회를 찾았을까?

“밖을 바라보는 사람은 꿈을 꾸고, 안을 살피는 사람은 깨어 있다.”

– 칼 구스타프 융(Carl Gustav Jung)

성공한 이들에게 유사하게 나타나는 점이 몇 가지 있다. 이는 심리학적, 뇌과학적으로도 유효한 부분이다. 그들은 목표를 어떻게 생각하고 받아들일까?

첫째, 희망을 품는다. 강한 동기, 열정과 구체적인 목표가 있다. 즉 뜨거운 가슴이 있다. 뭔가 이루고자 하는 열망과 의지가 뚜렷하다. 분명하게 이루고 싶은 것이 있다. 목표는 구체적인 것이 좋다. “반드시 성공한다.” 같은 표현도 괜찮다. 거기에 덧붙여서 세부적인 계획이 필요하다. 경영학에서 말하는 수치화(Measurable)도 연관된다. 심리학에서 말하는 시각화(Visualization)의 효과도 통한다. 뇌과학자들이 이야기하는 대로, 뇌가 성공하고 달성하는 쪽으로 계속 우리의 생각과 방향을 나가게 하는 것도 연관된다.

필자의 경우 목표의 예를 들어본다. 올해 12월 안에 매일 1건의 짧은 글을 올린다. 매주 1개 이상의 주제, 제목에 관한 두 페이지 이상 글을 쓴다. 매달 5편 이상의 글을 쓴다. 10개월간 50개 이상의 주제에 대한 글을 쓴다. 1년에 한 권의 책을 출간할 준비가 된다. 마지막 두 달은 고치고, 보완한다. 교정과 퇴고를 거친다. 연간 1편 이상의 책을 출간한다. 그것으로 필자 역시 꿈과 목표가 있을 때, 그것을 간절히 원할 때 할 수 있었다. 작은 반복 행동과 도전을 할 때도 마찬가지이다.

둘째, 긍정 확언, 다짐과 자기 암시를 한다. 즉 우리 안에 깊이 잠들어 있는 의식을 깨운다. 뇌과학자들이 이야기하는 부분이다. 혹자가 이야기한 R(Realization)=VD(Vivid Dream)과도 통한다. 즉 꿈을 생생하고 활발하게 생각하고 진행하면, 현실화가 된다. 꿈을 이루게 된다.

하루에 몇 차례 긍정의 확언을 해본다. 거울을 보면서 스스로 작성한 다짐, 목표나 문서를 되뇌면 좋다. 긍정과 성공의 자기 암시를 한다. 잠재한 의식을 깨어나게 해본다. 뇌과학자들이 이야기하는 부분이다. 뇌가 이미 성공한 것으로 착각하게 하는 것도 방법이다. 우리 몸은 거기에 맞게 행동하게 한다. 긍정과 암시된 방향으로 나가게 된다. 필자도 목표를 적어서 번호를 매겼다. 필자 방의 벽에 붙여 놓았다. 틈나는 대로 읽곤 한다. 뇌에 자기 암시를 준다. 몸이 알아서 긍정, 도전의 방향으로 움직인다.

셋째, 자신에 대한 신뢰, 믿음과 확신이 있다. 우리 자신을 믿는 것이다. 꿈꾸는 자신에 대해서 확신을 갖는다. 미래의 꿈을 갖는다. 크기의 문제가 아니다. 작아도 된다. 자신이 원하고 지속할 것을 정함이 의미가 있다. 자신의 능력과 추진 의지를 믿는다. 자신을 믿는다. 스스로 격려한다. 방향을 정하고 실행하는 자신을 안다.

영화 제작자, 작가, 사업가, 스포츠 스타, 연예인 등 목표를 달성한 분들의 공통점이 있다. 그들의 이야기를 들으면 자신에 대한 확신과 믿음이 있다. 필자가 앞에서 언급한 분들도 마찬가지이다. 즉 우리 자신도 그러한 신뢰, 믿음과 확신을 가지면, 목표 달성에 가깝게 된다. 거기에 꾸준함, 지속성을 겸비하면 된다. 그리고 체계적이다. 단계적으로 전문성을 키워 나간다. 처음에는 작고 보잘것없는 경우가 대부분이다. "천 리 길도 한 걸음부터."라는 속담과도 통한다.

시작은 미약할 수 있다. 그럼에도 점차 전문적으로 성장해 간다. 시행착오를 거쳐서 진보해 나간다. 보완, 수정 및 재도전의 과정이 체계적으로 변모한다. 실행한 것을 잘게 쪼개서 하나씩 개선해 나간다. 필자의 경우에도 직장인 작가이다. 아침 2시간, 저녁 2시간, 주말 6~8시간 이상 시간을 할애한다. 꾸준하게 책을 읽고 글을 쓰고 있다. 작가로서 독서와 글쓰기 목표를 한 개씩 이루어 가고 있다. 그 루틴 속에서 오늘 10분, 혹은 30분의 글쓰기가 기본이 된다. 다른 분야의 전문가들도 그러한 습관과 방식으로 전문적으로 성장해 나간다.

나는 왜 성공의
연결고리를 놓쳤을까?

"자신을 아는 자는 남을 원망하지 않고, 운명을 아는 자는 하늘을 원망하지 않으나, 다른 사람을 원망하는 자는 가난하고, 하늘을 원망하는 자는 뜻이 없다."

– 순자

그 외에 성공하는 사람들은 보통 사람보다 어떤 점이 더 우월할까? 결정적으로 다른 부분이 무엇일까? 필자 역시 늘 열린 사고와 발상의 전환을 꿈꾸고자 한다. 늘 부족하다. 노력이 더 필요함을 느낀다. 어떻게 하면 어제보다 자신이 더 나아질 수 있을까?

1. 창조성, 창의력이 있다

목표를 달성한 사람들은 공통적으로 상상력과 긍정적 에너지를 가지고 있다. 늘 공부하고 탐구한다. 독서를 통해 지식과 정보, 사물을 이해하고 세상 이치와 구조를 판단하는 힘을 얻는다. 사물과 인간을 사랑한다. 삶의 근본이 어디에 있는지 생각한다. 무엇이 소중하고 가치가 있는지 깨닫는다. 기존에 형성된 다양한 체계와 구성 위에 본인만의 새로운 것을 추가, 변모, 재구성한다. 자신이 깨달은 것을 통해서 재편하고 제안한다. 즉 창조성과 자신만의 상상력을 바탕으로 한 창의력이 있다. 거기에 활력이 더해진다.

자신의 분야에 대해서 다양한 상상을 할 수 있다. 성공한 모습, 그를 위한 다양한 시도와 도전, 실패를 경험한다. 목표에 미달해도 늘 도전의 기운과 성공을 상상한다. 그리고 추진력이 우수하다. 알리바바 회장 마윈, 아마존의 제프 베이조스도 마찬가지이다.

어느 방송에서 JYP 박진영 대표가 가수 성시경과 이야기하는 것을 들었다. "어떤 분야에서 지속하려면 자신의 분야 내에서 계속 업그레이드가 필수적이다."라는 것이다. 그 표현에 공감했다. 필자나 독자가 지천명의 나이 50세 전후라고 해도, 어쩌면 앞으로 최소 20년은 더 일해야 할지도 모른다. 일희일비하지 말자. 과거 잘나갈 때의 고소득과 지금을 비교하지 말자.

도전한다. 감사한다. 참고 기다린다. 누구나 어려움이 있지만 표현하지 않거나 이해하지 못할 뿐이다. 몸과 마음의 건강, 실력, 필살기 확보, 또는 차별화가 필요하다. 독서, 명상, 운동과 글쓰기도 자존감, 자기 효능감, 소중한 자아 형성 및 유지에 큰 도움이 된다. 도전은 계속된다.

2. 실패, 시련과 고난에 굴복하지 않는다

달성한 사람들은 끈기와 결단력이 있다. 늘 도전한다. 포기가 없다. 70, 80년대 보급된 장난감 중에 오뚝이가 있었다. 넘어뜨리고 밀어도 다시 일어나는 것이 어릴 적에는 참 신기했다. 손가락으로 밀어도 끄떡없이 다시 반동으로 일어난다. 마치 용수철과 흡사하다. 그들은 회복탄력성(resilience)이 우수한 것이다. 즉 성공한 사람들의 공통점은 실패가 없었던 것이 아니다. 오히려 다수의 시행착오와 아픔, 못 미치는 결과를 거듭했다. 그들은 몇 번을 거듭해도 쉽게 이루지 못했지만, 그럼에도 좌절하지 않았다. 혹은 어렵지만 훌훌 털고 다시 일어서서 도전했다. 그러한 불완전한 달성, 결과가 소중한 경험이며 도전임을 안다. 값진 것을 쉽게 받지 못함을 이해한다. 독서와 사색, 충분한 경험을 통해 그 부분을 인지한다. 복잡한 것을 단순화시킬 줄 안다.

여러 가지 중에 선택할 수 있는 결단력이 있다. 쉽게 포기하고 지치지 않는다. 김대중 대통령, 윤석금, 김승호, 정주영, 미국 루스벨트 대통령도 역시 이에 해당한다. 성공하는 사람들은 환경이나 타인을 탓하지 않는다. 자신이 원인이자, 해결할 당사자라고 여긴다. 불평하지 않는다. 우리의 도전, 성공에 따라 선택된다. 계획을 세우고, 하루하루 실천해 나간다. 자신의 비전과 목표를 명확히 해야 하는 이유가 된다. 스스로 분명한 인생의 목적을 정하면 된다. 중간에 문제가 생길 수 있다.

3. 자신의 관심 분야를 지속해서 찾고, 연구한다

꾸준함을 이길 것은 없다. 포기하지 않으면 살아남는 것이다. 필요할 때는 전문가나 조력자를 찾는다. 도움을 요청하고 지원을 받는 용기가 있으면 좋다. 즉 목표 달성에 필요하다면 연락하고 도움을 받는다. 혼자서 다 할 수 없다. "필요한 것을 알고 용기 있게 도움을 요청하는 것이 성공인의 자세이다." 사장들의 사장인 화이트폭스 김승호 회장도 말했다. **"세상에서 가장 용기 있는 자는 세 가지 능력을 가지고 있다. 도움을 청하고, 질문을 하고, 견해를 바꾸는 것이다."** 이러한 성공한 사업가, 리더, 위인들을 참조한다.

소박하더라도 나의 꿈과 비전을 바탕으로 하나씩 이루어간다. 독서와 글쓰기, 걷기와 운동, 그 외 공감하고 소통하기 등을 통해 꿈을 현실화시켜 가는 것이다. 한 분야를 꾸준히 지속해서 전문가로 발전해 나간다. 필자 역시 독서와 책 쓰기, 해외마케팅 분야, 운동, 기타 관심 분야의 연구와 도전을 지속하고 전문가로 성장해 나가고자 한다.

4. 타인과 비교하지 않는다, 자신을 기준으로 한다

세상의 시선에 기준을 두지 않는 것이 성공에 도움을 준다. 시작하기 전에 주변에 물어보면 부정적인 말, 조언이라는 명

목의 시도하지 말라는 권고가 많았다. 기존 세상의 관습, 현재 기준으로 살라는 것이 다수이다. 세계 1위를 하거나, 목표를 달성한 사람들은 뭔가를 새롭게 정하고 도전했다. 그 과정도 자신과의 싸움이라고 말한다.

세계에서 가장 행복한 나라로 꼽히는 핀란드에서도 자신을 타인과 비교하지 않는 것이 보편적이다. 그것을 꼭 적용함이 결국 자신의 행복과 직접 관련이 있는 것이다. 피겨의 영웅인 김연아 선수가 현역일 때의 이야기를 들었다. 경쟁상대를 신경 쓰기보다, 스스로의 마인드셋, 자신과의 문제, 자기와의 싸움, 혹은 자기 관리가 가장 중요하다는 취지로 이야기했다. 꿈을 이룬 다른 이들도 자주 말하는 부분이다. 불행은 비교에서 온다. 또한 망설임과 주저함은 타인의 이야기를 듣고 오기도 한다.

작은 것이라도 자신의 꿈과 목표에 도전하는 분들은 공통점이 있다. 업계나 시장 상황, 현황을 파악함은 필요할 수 있다. 그럼에도 과하게 타인과 비교하지 않는다. 현재의 상식, 통념과 안전한 방식에 고정되어 있지 않다. 이는 한 분야에서 정점을 찍으려 도전하는 부류도 마찬가지이다. 세상의 기준으로 보지 않는다. 자신의 가치, 특별한 자신(only one)을 추구한다. 가장 중요한 것은 스스로 문제를 찾고 해결하는 것이다. 자신의 희망과 꿈을 간직하는 것이다. 자신과의 싸움이 세상 어떤 것보다 어려움을 안다. 자신의 어제, 지난번과 비교한다. 거기서 성장하고 개선되었음을 안다. 세상의 잣대를 기준으로 하지 않는다. 그러기에 더 지속적인 도전을 할 수 있다.

젠슨 황, 일론 머스크, 빌 게이츠, 한화그룹 김승연, 윤석금, 서정진 회장도 마찬가지이다. 물론 우리나라 대표적인 삼성그룹, 현대자동차, LG그룹 등 대기업과 중견기업들, 기술력과 신사업을 진행하는 스타트업 역시 훌륭하다. 끊임없는 도전과 혁신의 연속이다.

우리 인생은 불확실성과 불안함이 늘 공존한다. 막막하다. 현실에 안주하거나 도망치고 싶기도 하다. 필자는 회사 출장으로 25년 3월 중순에 미국 플로리다 올랜도 지역에 며칠간 방문했다. 때마침 토네이도로 비행기 이착륙이 한동안 금지되었다. 약 500편의 비행기가 하루 사이에 결항, 취소되었다.

미국 플로리다 올랜도 공항 상공

이 때문에 올랜도 가는 비행기 이륙 게이트가 3~4차례 바뀜을 경험했다. 2025년 초 애틀랜타 공항에서의 일이었다. 플로리다 지역에서 며칠 간의 심한 토네이도로 인한 항공기 이착륙 지연이었다. 한 번은 약 3시간 반 동안 기내에서 이륙 없이 대기만 하다가 다시 내렸다. 기상이 불완전하다는 것이다. 괜찮을 것 같아서 기다렸는데 일기가 더 안 좋아졌다는 것이다. 이런 과정은 어디에나 있을 수 있다. 결국 한국 출발 후 36시간 후에 미국 플로리다 올랜도에 도착했다.

올랜도, 미국 플로리다

결국 원래보다 올랜도에 17시간 더 늦게 도착한 것이다. 그럼에도 안전하게 도착한 것에 감사했다. 지인을 통해서 그 며칠 사이에 플로리다 인근의 40여 명이 사망했다고 들었다. 정전, 나무가 뽑히고 자동차 사고, 집 붕괴 사고가 있었다고 한다. 하지만 불과 2~3일 후에는 아무 일 없다는 듯이 조용한 날씨였다.

우리 인생이 이렇다. 일의 과정에 폭풍우가 몰아칠 수 있다. 그럼에도 그것은 단지 하나의 과정임을 안다. 미리 생각하거나 정한 절차나 방법대로 진행하면 된다. 성공한 이들의 공통적인 의견이다. 명확한 목표를 세우고 한 걸음씩 도전해 나가는 것이다. 성공은 어떤 마법이 아니다.

스스로 현재, 미래를 최대한 이끌어야 한다. 가능한 한 자신이 통제하는 범위로 진행해야 한다. 필자도 그 부분에서 최근 몇 년 동안 다른 모습으로 더 실천하고 있다. 희망이 더 커진다. 외부 자극에 덜 흔들리게 된다. 결국 '나다운 모습'에 근접해 간다. 아침 독서, 운동, 글쓰기와 책 출간, 세상과 소통하기가 그중 한 가지이다. 오늘도 아침에 맑은 공기를 맞는다. 스트레칭 후에 독서하고 기분 좋게 하루를 시작한다.

결국 인생의 선택에서 모든 것이 나 자신의 선택이다. 즉 튀어도 의사 표명을 솔직히 할까? 그냥 조용히 지낼까? 도전할까? 현실에 맞춰 최대한 무난하게 지낼까? 전진할까? 또는 닻을 내리고 터 잡을까?

우리는 계속되는 상황에서 스스로에게 질문을 던지곤 한다. 여기에 연속적 시도와 도전의 경이로움이 존재한다. 결국 각자의 선택이고 결정이다. 필자 역시 20대 말, 3040 세대에서 회사의 업무, 해외 주재원 지원, 이직, 다양한 업무 등 모든 것이 순간의 선택이었다. 어려움과 낯섦 속에 있지만 도전하였다. 거기에서 뭔가를 얻었다. 진보해 가는 것이 우리의 삶이다. **순간마다 '나만의 선택'이다.**

작가 추천 독자별 핵심 Topic 목록 46개
: 집중 독서용

1. 학생, 청소년, 청년 독자(13~26세) 추천 목록

No.	페이지 번호	주제
1	32	절망을 어떻게 하면 희망으로 바꿀까?
2	34	어떻게 희망을 품고 남들과 다르게 살까?
3	48~49	나는 절망에서 어떻게 탈출하고 살아남을까?
4	53	좌절 속에서 내 삶을 어떻게 대할까?
5	143~144	스스로 믿지 못하고 절망하는데 어떻게 할까?
6	149	바뀌지 않는 나의 일상은 어쩌지?
7	150~151	발전 없이 지속되는 나의 삶을 어떻게 개선할까?
8	155~156	불규칙적인 나의 습관은 괜찮을까?
9	157~158	뭔가 하긴 하는데 왜 무의미하게 느껴질까?
10	159	나는 왜 쉽게 포기할까?
11	163~165	내 몸을 왜 관리하지 못할까?
12	198~199	어떻게 하면 내가 원하는 것을 만들어갈까?
13	200~201	나는 왜 나 자신을 싫어하고 쓸모없이 여길까?
14	207	남들과 똑같고 묻혀버린 자신을 어떻게 바꿀까?
15	208~210	어떻게, 무엇을 정하고 개선해 나갈 수 있을까?
16	240	어떻게 하면 문제와 절망을 넘어설 수 있을까?
17	242~243	나의 절망과 불행을 어떻게 극복해 나갈 수 있을까?

2. 직장인 독자(20~40대) 추천 목록

No.	페이지 번호	주제
1	102~103	희망으로 정신 건강 및 관리
2	105	왜 갈팡질팡, 오락가락할까?
3	111~113	어떻게 하면 과거보다 못하고 한심한 나를 개선할까?
4	117	복잡한 생각, 일상을 어떻게 정리할 수 있을까?
5	176	왜 부정적인 대화와 언어를 습관처럼 사용할까?
6	177	실패하는 직장 생활을 지속할 것인가
7	181~186	나는 왜 중간에 포기하고 계획 없이 진행할까?
8	202~203	고난과 역경, 시련 극복
9	206	차별화, 창의성

3. (공통 추천 목록) 학생, 청소년, 직장인, 학부모 독자

No.	페이지 번호	주제
1	55	꿈
2	62~64	불규칙, 큰 것만 기대하는 나는 무엇이 문제일까?
3	97~99	왜 나만의 한계에 갇히고 몸이 아플까?
4	124	왜 남들보다 스트레스를 더 받게 되었을까?
5	126~127	어떤 습관과 마음을 배워야 할까?
6	128~132	위인과 공인들은 어떻게 좌절을 버텨냈을까?
7	133	절망의 순간을 어떻게 이겨낼까?
8	150~151	불규칙적인 나의 습관은 괜찮을까?
9	163~164	인생, 롤러코스터
10	193~194	언제, 어떤 선택이 나를 만드는 것일까?
11	215	어떻게, 무엇을 정하고 개선해 나갈 수 있을까?
12	220~221	절망하고 좌절하는 이유는 무엇일까?
13	227	왜 잊어버리고 흘려버리고 한두 번으로 그칠까?
14	231~232	어떤 마음가짐을 가져야 이겨낼 수 있을까?
15	235~236	어떤 마음가짐을 가져야 행복이 올까?
16	248	어떻게 공포, 절망을 넘어섰는가?
17	251~252	실패를 넘어선 분들의 이야기
18	255~258	그들은 절망 속에서 어떻게 성취해 냈을까?
19	259~263	좌절, 절망 속에서 어떻게 벗어났을까?
20	266~267	나는 왜 성공으로 연결하지 못했을까?

"내일을 걷는 용기를 가지면,
인생이 달라진다."

우리는 빠르게 변하는 세상에 살고 있다. 기술의 진보와 글로벌한 연결성은 분명 편리함을 안겨줬다. 그러나 그 이면에는 갈등과 경쟁, 혼란이 여전히 존재한다. 많은 이들이 "살기 팍팍하다."라는 말을 입에 올리고, 불확실한 미래 앞에서 방향을 잃기도 한다. 특히 청소년과 청년세대는 경쟁에 내몰리며 자아를 잃거나, 비교의 굴레에 갇혀 자존감을 잃어버리기 쉽다.

하지만 그런 시대일수록, 우리는 서로를 더 깊이 이해하고 지지하는 사회로 나아가야 한다. 인생의 속도는 제각각이고, 의미 있는 삶의 형태도 각자 다르다. 꼭 누군가보다 앞서야만 의미가 있는 건 아니다. 때론 멈춤이 필요한 때도 있고, 한 걸음 물러나 더 큰 도약을 준비할 수도 있다. 중요한 건 '나답게' 살아가고 있다는 감각, 그리고 그 길에서 느끼는 성장이다.

이 책에서는 완벽한 사람이 되자는 이야기를 하는 것이 아니다. 오히려 있는 그대로의 나를 인정하고, 작고 단단한 걸음을 내딛는 일상의 용기를 말하고 싶었다. 꿈을 거창하게 세우기보다는, 지금 내가 할 수 있는 작지만 구체적인 일 하나를 해보는 것. 바로 그 한 걸음이 방향을 바꾸고, 삶을 바꾼다.

지속 가능한 삶은 루틴에서 시작된다. 하루 5분이라도 나만의 시간을 확보하고, 의미 있는 습관을 쌓는 것. 그리고 그 시간 속에서 자신을 돌아보고, 진짜 원하는 것을 마주하는 것. 작은 루틴은 결국 변화를 만든다. 실패하더라도 괜찮다. 실패는 경험이고, 그 안에는 방향성과 자산이 담겨 있다.

우리는 모두 연결되어 있다. 학생, 청년, 중장년, 노인까지 어느 한 세대만의 문제가 아닌, 우리 모두의 과제다. 청년들이 자유롭게 자신의 진로를 말하고, 다양한 삶의 방식을 꿈꿀 수 있는 환경은 사회 전체가 함께 만들어가야 한다. 단지 성적과 출세만이 아닌, 다양한 가치와 삶의 방향이 인정받는 사회, 그것이 진짜 선진국이 아닐까. 그리고 우리는 그런 사회를 만들 수 있는 저력을 지닌 민족이다. 수많은 위기 속에서도 늘 다시 일어섰고, 공동체의 힘으로 회복해 왔다. 그 정신이 지금 우리에게도 여전히 흐르고 있다.

이 책을 쓴 이유도 바로 그것이다. 평범한 직장인이자 부모로서, 같은 시대를 사는 누군가에게 말을 걸고 싶었다. "지금 힘들죠? 하지만 괜찮아요. 우리에겐 다시 시작할 수 있는 힘이 있어요."라고.

누구든 삶에서 한 번쯤은 길을 잃는다. 그러나 희망은 늘 우리 곁에 머무르고 있다. 때론 아주 작게, 때론 눈에 보이지 않게. 하지만 그것을 발견할 준비가 되어 있는 사람에겐 분명히 보인다. 내일을 걷는 용기, 그건 대단한 결심이 아니라 오늘 하루를 진심으로 살아내는 마음이다. 그 작고 묵묵한 한 걸음이, 인생을 바꾼다.

- 출처 -

김나영, 『장 혁명』, 국일미디어 (2023)

김승호, 『생각의 비밀』, 황금사자 (2015)

김연아, 『김연아의 7분 드라마』, 중앙출판사 (2010)

김해남, 『만일 내가 인생을 다시 산다면』, 메이븐 (2022)

네이트 진서(박세연), 『확신의 심리학』, 세계사 (2024)

다이애나 홍, 『세종처럼 읽고 다산처럼 써라』, 유아이북스 (2013)

데이비드 엡스타인(이한음), 『늦깎이 천재들의 비밀』, 열린책들 (2020)

라이너 마리아 릴케, 『시간의 책』, The Book of Hours (1905)

레이먼드 무디(배효진), 『죽음, 이토록 눈부시고 황홀한』, 서스테인 (2024)

루키우스 안나이우스 세네카, 『세네카의 말』, 메이트북스 (2022)

마커스 버킹엄(한근태), 『강점에 집중하라』, 21세기북스 (2009)

박세리, 『세리, 인생은 리치하게』, 위즈덤하우스 (2021)

박지성, 『박지성 마이 스토리』, 한스미디어 (2015)

박찬호, 『나의꿈 나의도전』, 두레박 (1996)

빅터 프랭클, 『죽음의 수용소에서』, 청아출판사 (2020)

시라사와 다쿠지(오지연), 『최고의 식사법』, 예담아카이브 (2021)

서울대학교 공과대학, 『축적의 시간』, 지식노마드 (2015)

안데르스 에릭슨 · 로버트 풀, 『1만 시간이 재발견』, 비즈니스북스 (2016)

에픽테토스(노윤기), 『나를 위해 살지 않으면 남을 위해 살게 된다』, Page 2 (2024)

앨런피즈 · 바바라피즈(이재경), 『결국 해내는 사람들의 원칙』, 반니 (2020)

오은환, 『꽃은 누구에게나 핀다』, 북로망스 (2023)

오준호, 『소크라테스처럼 읽어라』, 미지북스 (2012)

유한준 · 이종욱, 『손정의 리더십』, BookStar (2018)

이윤규, 『공부의 본질』, 빅피시 (2021)

에크하르트 톨레(진우기), 『고요함의 지혜』, 김영사 (2004)

웨인 다이어(정지현), 『우리는 모두 죽는다는 것을 기억하라』, 토네이도 (2019)

조슈아 포어(류현), 『1년 만에 기억력 천재가 된 남자』, 갤리온 (2016)

조지 E. 베일런트(한성열), 『"성공적 삶의 심리학』, 나남출판 (2003)

저우모찌(박영란), 『내 상처가 사랑을 밀어내지 않게 하려면』, 더페이지 (2024)

짐퀵(김미정), 『마지막 몰입』, 비즈니스북스 (2021)

최효찬, 『세계명문가의 독서교육』, 위즈덤하우스 (2015)

쓰쓰미 구미코(전경아), 『키르케고르의 절망수업』, RHK (2024)

트리나 폴리스(김석희 번역), 『꽃들에게 희망을』, 시공주니어 (2017)

팻 윌리엄스 · 마이클 웨인렙(김경숙), 『성공 프로젝트, 마이클 조던 되기』, 해냄 (2002)

한성윤, 『인생은 오타니처럼』, 써네스트 (2023)

황영조, 『황영조 마라톤 스쿨』, 한언출판사 (2012)

"당신의 걸음에 작은 빛이 되기를"

권선복(도서출판 행복에너지 대표이사)

책을 출간하는 일은 언제나 진심을 꺼내 보이는 일입니다. 한 권의 책이 세상에 나오는 순간, 그것은 더 이상 개인의 것이 아니라 읽는 이들의 마음에 따라 새롭게 살아나기 때문입니다. 《내일을 걷는 용기》 또한 그러합니다.

이 책은 단순히 '용기'와 '희망'을 말하는 데만 그치지 않습니다. 지금 주저앉아 있는 누군가의 등을 조용히 토닥이며 "괜찮아, 천천히 가도 돼!"라고 말해주는 한 권의 위로입니다.

이 책에서 저자가 강조하는 '작고 느린 걸음'이란 이 시대에 꼭 필요한 언어입니다. 빠르게 달리는 것보다 중요한 것은, '자기 속도로 가는 것'이라는 사실을 끊임없이 상기시켜 줍니다.

《내일을 걷는 용기》는 삶을 특정한 공식으로 풀어내지 않습니다. 오히려 각자의 질문에 스스로 답을 찾을 수 있도록 안내합니다. 누군가는 그 답을 독서에서 찾을 것이고, 또 누군가는 사색이나 관계, 혹은 실패의 순간에서 찾을지도 모릅니다. 중요한 건 '어디에서든 답을 찾을 수 있다'라는 생각입니다.

저자는 '용기'라는 말을 '일상의 실천'이라는 언어로 풀어냅니다. 거대한 꿈보다 지금 바로 내가 할 수 있는 작은 시도 하나가, 결국 삶을 바꾸는 시작이 된다는 믿음. 그 믿음이, 이 책의 가장 큰 메시지입니다.

출간을 준비하며 수많은 독자를 떠올렸습니다. 오늘도 지친 얼굴로 버스에 몸을 실은 직장인, 미래를 고민하는 청년, 반복되는 일상에서 무력함을 느끼는 부모들…. 그 누구든 이 책을 통해 다시 한번 일어설 힘을 얻는다면, 그것으로 이 책의 존재 가치는 충분하다고 생각합니다.

《내일을 걷는 용기》는 결국 우리 모두의 이야기입니다. 더 잘살아야 한다는 압박 속에서, 더 나답게 살고 싶다는 열망 사이에서 흔들리는 모든 사람에게 이 책은 말합니다. "지금 있는 그 자리에서, 당신은 충분히 잘하고 있다"라고. 그리고 언젠가 다시 마음의 속도를 되찾고, 자신만의 리듬으로 걷기 시작할 수 있도록 말입니다.

완벽하지 않아도, 당당하지 않아도 괜찮습니다. 중요한 건 오늘도 한 걸음 내딛고 있다는 사실입니다. 이 책이 그 걸음을 응원하는 동반자가 되길 바라며, 늘 독자 여러분의 삶에 행복과 긍정의 에너지가 팡팡팡 샘솟기를 소망합니다.